W0053897

● *Dr. Eva Wlodarek*, Diplom-Psychologin und Psychotherapeutin, berät seit über 20 Jahren in ihrer Hamburger Praxis bei beruflichen und privaten Problemen. Viele Jahre war sie die beratende Psychologin der *Brigitte*. Sie ist in zahlreichen Publikumsmedien eine gefragte Expertin zum Thema Lebenshilfe, arbeitet als Coach und Beraterin für namhafte Firmen. Ihre Bücher sind Bestseller.
www. wlodarek.de

Eva Wlodarek

Wunscherfüllung für Selbstabholer

Wie Ihre Wünsche Wirklichkeit werden

Campus Verlag
Frankfurt / New York

Namen und andere Daten wurden von der Autorin geändert.

Bibliografische Information der Deutschen Nationalbibliothek.
Die Deutsche Nationalbibliothek verzeichnet diese Publikation in der
Deutschen Nationalbibliografie; detaillierte bibliografische Daten sind
im Internet unter http://dnb.d-nb.de abrufbar.
● ISBN 978-3-593-38936-3

Copyright © 2009 Campus Verlag GmbH, Frankfurt am Main.
Umschlaggestaltung: R.M.E, Roland Eschlbeck und Rosemarie Kreuzer
Umschlagmotiv: © getty images
Satz: Campus Verlag GmbH, Frankfurt am Main
Druck und Bindung: Freiburger Graphische Betriebe
Gedruckt auf säurefreiem und chlorfrei gebleichtem Papier.
Printed in Germany

Besuchen Sie uns im Internet: www.campus.de

Inhalt

Ein offener Brief vom Universum

Meine Liebe (natürlich auch: mein Lieber),

ich freue mich, dass du dich jetzt endlich so intensiv um deine Wünsche kümmerst. Du sollst wissen, dass ich nichts lieber sähe, als dass sie sich für dich erfüllen würden. Schließlich helfen deine Wünsche dir, dich weiterzuentwickeln und alles zu entfalten, was in dir steckt: deine Schönheit, deine Fähigkeit zum Genießen, deine Lebensfreude, deine Talente, deine liebste Tätigkeit in diesem Leben.

Du musst zugeben, Wünsche als Entwicklungshilfe einzusetzen, das ist ein genialer Trick, nicht wahr? Aber sie brauchen Zeit. Aus diesem Grund geht das auch mit manchen Wünschen nicht so schnell. Bei deinen Herzenswünschen, die sich noch nicht erfüllt haben, gibt es für dich halt noch einiges zu tun. Aber mach dir keine Sorgen, du wirst schon die richtigen Menschen zur richtigen Zeit treffen, die dir weiterhelfen, oder dir fallen die passenden Bücher in die Hände, in denen du findest, was du gerade brauchst.

Apropos: Ich habe angeregt, dass es gerade jetzt eine Menge Bücher gibt, die sich mit dem Wünschen befassen. Es wurde allmählich Zeit, dass das Thema wieder in den Mittelpunkt rückt. Neu ist es ja nicht, doch jede Generation sollte es neu für sich entdecken. Meine alten Mitarbeiter aus dem vorigen Jahrhundert, wie Prentice Mulford, Joseph Murphy, Norman Vincent Peale, Ralph Waldo Emerson und an-

dere, haben einen guten Job gemacht. Aber ihre Sprache und ihre Beispiele sind allmählich ein bisschen überholt. Also habe ich ein paar
Autorinnen und Autoren aus deiner Zeit dazu inspiriert, über das
gesammelte Wissen zu schreiben, um so für eine neuerliche Verbreitung zu sorgen

Ich bin recht zufrieden, wie geschickt sie das gemacht haben. Es
war eine super Idee von ihnen, die längst bekannten Wahrheiten als
Geheimnis zu verpacken – ich weiß doch, ihr Menschen seid neugierig wie die Kinder. Und erst die schöne Aufmachung! Manche Bücher
sehen aus wie Zauberfibeln – ich bin entzückt. Eine nette Idee ist es
auch, mich als eine Art Versandhaus zu betrachten, bei dem man
Bestellungen aufgibt. Nun ja, ein bisschen profan ist das schon, früher
hat man solche Bestellungen »Gebete« genannt. Aber gut, wenn es der
Sache dient, dann will ich nicht zimperlich sein. Mir kommt es
schließlich vor allem darauf an, dass du und viele andere erkennen,
dass die Macht der Gefühle und Gedanken tatsächlich Berge versetzen kann und dass ihr ermutigt werdet, euch nicht von den äußeren
Umständen einschüchtern zu lassen.

Die Verbreitung dieser Botschaft war mir sehr wichtig. Deshalb
habe ich auch für den großen Erfolg dieser Bücher gesorgt. Aber dabei
ist leider etwas aus dem Ruder gelaufen. Als ich neulich zufällig in
einigen Wunschbüchern blätterte, traf mich fast der Schlag: Offenbar
hat die Begeisterung über ihre Erkenntnis die Autoren und Autorinnen so mitgerissen, dass sie jedes Maß verloren haben. Sie vermitteln
doch tatsächlich, dass man alles erreichen kann, wenn man nur fest
daran glaubt und es sich richtig vorstellt.

Ich muss offen sagen, das ist ziemlich größenwahnsinnig. Spontan
erinnert es mich an den Zauberlehrling in einem Gedicht meines
Freundes Goethe. Der will sich Wasser in eine Badewanne zaubern

und überflutet durch sein Halbwissen das ganze Haus. Oder falls du eine solche Überschätzung lieber in einem lustigen Vers ausgedrückt haben möchtest, treffen es auch die folgenden Zeilen aus »Der Frosch« von Wilhelm Busch: »Wenn einer, der mit Mühe kaum geklettert ist auf einen Baum, schon glaubt, dass er ein Vogel wär', so irrt sich der.«

Okay, halten wir uns nicht mit der Poesie auf. Ich will damit sagen: Die Tatsache, dass die Autoren einiges von meinen Weisheiten begriffen und erfolgreich ausprobiert haben, heißt nicht, dass sie das zu Meistern des Universums macht. Sie selbst werden das schon noch merken, das gehört zu ihrer eigenen persönlichen Entwicklung. Ich kümmere mich liebevoll darum – versprochen. Besorgt bin ich vielmehr, dass dir der Eindruck vermittelt wird, die Erfüllung deiner Wünsche müsste hundertprozentig eintreten, solange du nur fest daran glaubst. Wenn du dann doch scheiterst, wirst du dir selbst die Schuld geben oder furchtbar enttäuscht sein. Dabei kann dein scheinbares Versagen ganz andere Gründe haben als nur den, dass du nicht intensiv genug gewünscht hast. Vielleicht liegt es ja an größeren Zusammenhängen, die nur ich überschaue und die für ein kleines Menschengehirn nicht fassbar sind. Es tut mir in der Seele weh, zu sehen, dass meine spirituelle Wahrheit bezüglich der inneren Kraft als simple Magie verkauft wird.

Nun gut, ich kann es nicht ungeschehen machen. Ich tröste mich damit, dass diese Bücher immerhin Türöffner für eine Welt sind, die nicht nur aus Materie besteht. Durch sie wird zumindest verbreitet, dass es mehr Dinge zwischen Himmel und Erde gibt, als sich die Schulweisheit träumen lässt, wie es mein Freund Shakespeare ausgedrückt hat. Aber ich habe mich auch entschlossen, eine dringend notwendige Ergänzung nachzureichen. Zum Glück habe ich eine Autorin gefunden, die bereit war, sie als Ghostwriterin für mich umzusetzen. Ich habe dieser Autorin genau erklärt, was mir dabei wichtig ist:

- Umfangreiches geistiges Handwerkszeug
  zur Erfüllung der Wünsche.
- Die Anleitung muss für jeden praktisch
  anwendbar sein.
- Eine ehrliche Aussage, was möglich ist
  und was nicht.
- Ganz viel Ermutigung, sich seine Wünsche
  zu erfüllen.

Ich bin sicher, sie hat verstanden, worum es mir geht. Wörtlich hat sie gesagt: »Du meinst, den Leserinnen und Lesern nutzt keine Leiter, die nur die obersten Sprossen hat, sie brauchen eine, mit der sie Sprosse für Sprosse mit großer Sicherheit ihre Wünsche erreichen können?« Ich habe geantwortet: »Genau das meine ich.«

Also, meine Liebe (oder mein Lieber), dieses Buch liegt jetzt in deiner Hand. Es wird dir helfen, den Kopf im Himmel und die Füße auf der Erde zu behalten. Und vor allem wünsche ich dir, dass sich damit deine Wünsche erfüllen. Ich verspreche dir: Alle, die dir aus tiefster Seele wichtig sind, wirst du erreichen, auch wenn du sie jetzt vielleicht noch nicht einmal kennst.

In Liebe, mit einem herzlichen Gruß,

dein Universum

Die Bedeutung Ihrer Wünsche

Sie wissen genau, was Sie sich wünschen, und möchten jetzt am liebsten gleich loslegen, nach dem Motto »Her mit den wirkungsvollen Methoden!«? Die bekommen Sie auch, versprochen. Trotzdem bitte ich Sie noch um ein bisschen Geduld. So ähnlich wie vor einem Formel-1-Rennen muss auch hier vor dem Start zuerst alles genau gecheckt werden, damit Sie sicher an Ihr Ziel kommen. Es ist notwendig zu prüfen, ob Ihre Wünsche wirklich gut für Sie sind und ob es sich lohnt, sie zu verfolgen. Die nächsten Seiten dürfen Sie deshalb auf keinen Fall überschlagen. Genau genommen sind sie nämlich die Basis des ganzen Buchs.

Damit wir uns nicht missverstehen: Ich maße mir nicht an, Ihnen vorzuschreiben, ob Ihr Wunsch angemessen ist, wie etwa: »Eine Gucci-Tasche ist doch viel zu teuer und völlig überflüssig.« »Sie wünschen sich Gesundheit? Das ist sehr zu unterstützen.« »Sie hätten gerne eine Villa mit Stuck und Kamin? Bei Ihren Einkünften ist das zu hoch gegriffen.« »Filme wollen Sie drehen? Na, da müssen Sie aber noch eine Menge lernen.« »Frieden auf Erden? Sie sind ein feiner Mensch, weiter so.«

Bei diesem Check geht es nicht um »richtig« oder »falsch«, sondern darum, ob die Erfüllung Ihrer Wünsche Sie wirklich glücklich macht. Von dem amerikanischen Unternehmensberater Stephen Covey stammt der gute Rat: »Passen Sie auf, dass Ihre Erfolgsleiter auch am richtigen Haus lehnt, bevor Sie hinaufsteigen.« Für unsere Zwecke möchte ich ihn so abwandeln: Passen Sie auf, dass Ihre Wunschleiter auch am richtigen Haus lehnt, bevor Sie hinaufsteigen. Sonst sind Sie am Ende frustriert und enttäuscht und haben sinnlos Zeit, Kraft und Geld vergeudet.

Im üblichen sperrigen Deutsch eines Lexikons definiert der *Brockhaus* einen Wunsch als »den mit der Vorstellung eines begehrten Objekts verbundene Drang nach dessen Erlangung«. Die Beschreibung bei *Wikipedia* ist noch genauer, sie packt gleich alle Möglichkeiten in einen Satz:»Der Wunsch ist ein Begehren oder Verlangen nach einer Sache oder einer Fähigkeit, ein Streben oder zumindest die Hoffnung auf eine Veränderung der Realität oder das Erreichen eines Zieles für sich selbst oder für einen anderen.«

Soweit die allgemeinen Begriffsdefinitionen, in die wir füllen dürfen, was wir wollen. Worauf wir unser Verlangen richten, ist dabei ganz individuell – einmal abgesehen von den universellen Wünschen nach Liebe, Gesundheit, materieller Sicherheit, Erfolg und Frieden, die wohl jeder hat. Hören Sie sich nur mal in Ihrem Bekanntenkreis um, Sie werden von sehr unterschiedlichen Sehnsüchten erfahren. In meinem Umfeld reichte das von »die Heilpraktiker-Prüfung schaffen« über »mal ohne Limit am Neuen Wall shoppen gehen« bis »mich endlich mit dem Vater meines Sohnes vertragen«. Was immer wir uns wünschen, die entscheidende Frage lautet: Bringt uns die Erfüllung tatsächlich Glück, oder laufen wir einem falschen Ziel nach? Damit Sie darauf eine Antwort finden, möchte ich Sie zunächst mit einer praktischen Einteilung vertraut machen.

Das »duale System« der Wünsche

Sämtliche individuellen Wünsche lassen sich mit einem einfachen System in zwei Gruppen einteilen. Ursprünglich stammt es aus einem anderen Zusammenhang, nämlich der Einstellung zum Essen. In ihrem Ratgeber *Psycho-Diät* teilt das Autorenpaar Leonard und Lillian R. Pearson das Verlangen nach Nahrungsmitteln in zwei Kategorien ein:»Winken« und »Summen«.

»Winken« in Bezug auf Essen bedeutet, dass das Bedürfnis nicht von selbst entsteht, sondern durch äußere Reize hervorgerufen wird. Etwa so: Sie wollen am Morgen nur schnell eine Zeitung holen. Als Sie bei der Bäckerei vorbeikommen, steigt Ihnen ein leckerer Duft in die Nase. Die Verkäuferin backt gerade Croissants auf. »Ein Croissant zum Frühstück wäre gar nicht schlecht«, denken Sie. Schon stehen Sie am Tresen und kaufen gleich zwei Stück. Das Croissant hat Ihnen sozusagen »gewinkt«.

»Summen« bedeutet, dass der Appetit auf ein bestimmtes Nahrungsmittel aus uns selbst kommt. In Form von Heißhunger teilt uns unser Körper mit, dass er genau dieses Essen unbedingt braucht, sei es nun aus körperlichen oder seelischen Gründen. Angenommen, Sie sitzen gerade am Schreibtisch. Plötzlich taucht vor Ihren Augen ganz deutlich das Bild von einem saftigen Burger auf. Schon bei der bloßen Vorstellung läuft Ihnen das Wasser im Mund zusammen. Energisch versuchen Sie, es zu verdrängen. Doch der Burger lässt Sie einfach nicht los. Sie schmecken ihn förmlich auf der Zunge. Schließlich kapitulieren Sie und treten den Weg zu einem Schnellrestaurant an. Happy End mit Hamburger.

Mit diesen beiden Kategorien »Winken« und »Summen« lässt sich nicht nur die Lust auf bestimmte Nahrungsmittel unterscheiden, sondern auch unsere Wünsche.

»Winkende« Wünsche verführen von außen

Winkende Wünsche sind solche, die wir in irgendeiner Form von anderen übernommen haben. Das kann auf unterschiedliche Weise geschehen. Vielleicht sehen Sie das Objekt Ihrer Begierde in der TV-Werbung, beim Einkaufen, oder jemand in Ihrer Umgebung besitzt es. Es muss sich aber keineswegs nur um etwas Materielles handeln. Auch Einstellungen, die Sie durch Ihre Erziehung entwickelt oder aus Ihrer Familientradition übernommen haben, können zu winkenden Wünschen werden. Ebenso ist es möglich, dass Sie von der Umgebung, in der Sie sich bewegen, beeinflusst werden, zum Beispiel von Ihren Kolleginnen, den Mitgliedern aus Ihrem Sportverein, Ihren Freunden.

Im Kleinformat sind winkende Wünsche das Produkt zufälligen, spontanen Begehrens. Sie entstehen aus einer Anregung, die Sie von außen erhalten. Etwa so: Sie sehen zufällig einen schicken Schal im Schaufenster. Den müssen Sie einfach haben. Oder eine Freundin sagt: »Diese Creme wirkt ganz toll, die musst du unbedingt ausprobieren.«

In großem Stil ist die Befriedigung winkender Wünsche schon aufwändiger. Vielleicht träumen Sie seit dem letzten heißen Sommer von einem schicken Cabrio. Oder Sie haben in einem Hafen die *Queen Mary* besichtigt und möchten demnächst eine Kreuzfahrt mit dem Luxusliner machen. Möglicherweise wünschen Sie sich ein umfangreiches Netzwerk wie Ihre Kollegin oder würden gerne Ihre Tochter für ein Jahr auf eine Sprachenschule schicken, über die Sie einen lobenden Artikel gelesen haben. Oder Sie streben den Abschluss in Zahnmedizin an, weil Sie von Kindheit an darauf eingeschworen sind, dass Sie später die Praxis Ihres Vaters übernehmen werden.

Ob ein Wunsch winkt, erkennen Sie meist an einem der folgenden Anzeichen:

- Bevor Sie das Gewünschte gesehen oder davon gehört haben, haben Sie nicht daran gedacht.
- Das Gewünschte ist mit einer Mode oder einem Trend verbunden.
- Andere in Ihrer Umgebung haben das auch.
- Die Idee dazu stammt ursprünglich nicht von Ihnen.
- Der Wunsch bringt Ihnen vor allem die Anerkennung Ihrer Umgebung.
- Menschen, die Ihnen nahestehen, finden diesen Wunsch für Sie besonders erstrebenswert.
- Der Wunsch wurde durch die Werbung geweckt.

»Summende« Wünsche haben eine innere Resonanz

Summende Wünsche sind in Ihrer Persönlichkeit begründet. Sie hängen mit etwas zusammen, was Sie leidenschaftlich gerne tun oder lieben. Sie entsprechen Ihren Talenten und Begabungen. Vor allem entstehen sie nicht von außen, sondern entspringen einem inneren Bedürfnis. Es kann allerdings manchmal sein, dass das schlummernde Bedürfnis in Ihnen erst durch ein besonderes Ereignis oder durch die Begegnung mit einem Menschen geweckt wurde. Vielleicht hat ein guter Lehrer, ein Buch, ein Film, eine Ausstellung, eine Theateraufführung, eine persönliche Krise oder gar Katastrophe Ihnen die Richtung gewiesen. Doch das war dann nur eine Initialzündung für das, was schon längst aus Ihnen herauswollte.

Kleine summende Wünsche beziehen sich meist auf Ihr Hobby und Ihre Neigungen: Sie malen gerne und liebäugeln mit einem Pastellfarbkasten. Als leidenschaftliche Köchin wollen Sie eine gusseiserne Pfanne in der Küche haben. Sie lieben Opern und gönnen sich ein Abonnement.

Kleine summende Wünsche können zwar manchmal auch überraschend zum Ausdruck kommen (»Oh Mann, das will ich ja schon ewig haben!«), aber meist begeben wir uns bewusst auf die Suche danach. Wir wählen mit viel Sorgfalt und Sachverstand aus. Wir prüfen, vergleichen, achten auf Qualität und fachsimpeln gerne mit den Experten. Auf keinen Fall nehmen wir irgendetwas, es muss schon so sein, wie wir es uns vorstellen. Je nach Neigung kann es sich dabei um Wein, Sushi-Messer oder Rosenzüchtungen handeln, um ein Feng-Shui-Seminar, einen Kochkurs oder die Teilnahme an einem Marathon. Der kleine summende Wunsch ist uns etwas wert.

Bei großen summenden Wünschen handelt es sich um echte Bedürfnisse, bezogen auf Körper, Geist oder Seele. Wir glauben, ohne die Erfüllung nicht glücklich sein zu können. Dramatisch ausgedrückt: Wenn wir das nicht kriegen, dann ist unser Leben nicht gelungen. Große summende Wünsche sind oft schwer zu erfüllen, erfordern meist viel Einsatz oder Mut, etwa wenn Sie von einer ganz anderen Tätigkeit träumen, als Sie zurzeit ausüben. Oder wenn Sie unbedingt ein Kind haben möchten und dazu eine aufwändige Hormonbehandlung nötig ist.

Für summende Wünsche muss eines dieser Kriterien erfüllt sein:

- Sie sind von selbst auf die Idee gekommen
- Sie liebäugeln schon lange damit.
- Es ist ein heimlicher Wunsch, über den Sie noch nicht mit anderen gesprochen haben.
- Sie sind bereit, viel einzusetzen, damit er sich erfüllt.

- Es handelt es sich um einen Herzenswunsch.
- Er entspricht Ihrer Begabung und Ihren Talenten.
- Die Erfüllung ist existentiell wichtig, wie Arbeit, Nahrung oder ein Dach über dem Kopf.

Sortieren Sie Ihre Wünsche

Sicher haben Sie schon gemerkt: Von den Inhalten her lässt sich schwer festlegen, welche Wünsche winken oder summen. Es ist durchaus möglich, dass in dem einen etwas heftig summt, was dem anderen nur winkt.

Peter, ein Nachbar von mir, ist ein leidenschaftlicher Motorradfahrer. Seine Harley-Davidson hat er sich zusammengespart. Beim kleinsten Schmutzspritzer greift er zum Poliertuch, sodass die Maschine immer wie neu glänzt. In jeder freien Minute ist er auf Norddeutschlands Pisten unterwegs, schwärmt mir von den hügeligen Straßen bei Hitzacker und in der Holsteinischen Schweiz vor. Sein Traum ist es, einmal eine Daytona Bikeweektour auf der Route 66 mitzumachen.

Bei Peter hat der Wunsch nach einem Motorrad eindeutig gesummt. Im Gegensatz zu einem mir bekannten Besitzer einer Werbeagentur: Sein teures Motorrad parkt neben seinem Porsche in der Garage. Er hat es sich zum fünfzigsten Geburtstag selbst geschenkt. Alle fanden das cool. Bisher ist er damit ein einziges Mal mit Freunden durch Italien gefahren. Die Anschaffung war ein typischer Fall von Winken.

Nur Sie allein können beurteilen, welche Bedeutung Ihr Wunsch für Sie hat. Probieren Sie es doch gleich einmal für Ihre drei größten Wünsche aus. Notieren Sie sie gleich hier:

- ....
- ....
- ....

Und nun schicken Sie jeden von ihnen durch diesen Filter: Summt er für mich oder winkt er nur? Hat er zutiefst mit meiner Persönlichkeit und meinen Vorlieben zu tun – oder habe ich den Wunsch eher aus meiner Umgebung übernommen? Mit den obigen Anhaltspunkten für jede der beiden Kategorien dürften Sie das herausfinden.

Die meisten Wünsche lassen sich eindeutig einer der beiden Kategorien zuordnen. Falls Sie jedoch nicht auf Anhieb erkennen, ob Ihr Wunsch nun »winkt« oder »summt«, nehmen Sie sich ein wenig Zeit und horchen Sie in sich hinein. Intuitiv werden Sie spüren, ob sich die Waagschale mehr zum einen oder zum anderen neigt. Wenn Sie wissen, zu welcher Gruppe Ihre wichtigsten Wünsche gehören, dann schauen wir uns doch einmal genauer an, was Sie in jeder der beiden Wunschkategorien erwartet.

Wie sich »winkende« Wünsche auswirken

Kleine winkende Wünsche haben durchaus ihren Charme. Ich gestehe, dass ich ihnen nicht immer widerstehen kann. Ein Paar Schuhe, die gerade so günstig sind, ein Bildband von meinem Lieblingsfotografen – schon ist es passiert. Hätte nicht sein müssen, aber diese kleinen winkenden Wünsche eignen sich nun mal bestens als Belohnung oder Stimmungsaufheller. Sobald sie erfüllt sind, spürt man eine belebende Wirkung, und gegen einen Schuss Lebensfreude ist nichts einzuwenden. Kritisch wird es nur, wenn wir dabei zu verschwenderisch mit Geld, Zeit und Energie umgehen.

In einem Artikel der *Cosmopolitan* beschreibt die Autorin Karolin Köhler, wie sie sich mit winkenden Wünschen sabotiert. Unter der Flagge »Ich gönn' mir was« laufen für sie ganz nebenbei zahlreiche Becher Latte Macchiato plus Snack, im Teegeschäft Kerzen, Törtchen für den Besuch einer Freundin, die einfach nur hübsch aussehen, aber völlig überteuert sind, Schnäppchen-Kleider im Ausverkauf, ein paar Stunden bei einem Personal Trainer, mehrere Gläser Wein in der Bar. Da kommt einiges zusammen. Und am Ende ist für das, was sie sich wirklich wünscht, kein Geld mehr übrig.

Auch bei kleinen winkenden Wünschen lohnt sich Disziplin. Dabei helfen die Fragen: Muss ich das wirklich haben? Besitze ich so etwas Ähnliches schon? Gibt es etwas, wofür ich mein Geld lieber zusammenhalten möchte? Das gilt ebenso für die Verschwendung von Zeit und Energie: Muss ich unbedingt auf diese Party? Muss ich diesen TV-Film sehen?

Große winkende Wünsche sind ein anderes Kaliber. Die erfüllen wir uns nicht mal so eben, sondern müssen dafür einiges auf uns nehmen. Oft investieren wir viel Zeit, Energie und Geld. Leider lohnt sich das nicht wirklich, und zwar aus den folgenden Gründen: Die Freude hält nicht lange an. Ob schickes Auto oder Eigentumswohnung – der Besitz führt bald zur Gewöhnung. Man nennt das in der Fachsprache auch *Habituation* oder *Adaption*. Dass winkende Wünsche schon nach kurzer Zeit ihren Reiz verlieren, beruht auf einer neurologischen Tatsache: Unsere Nervenzellen feuern, wenn sie neue Informationen bekommen. Das bedeutet, dass die freudige Erregung abnimmt und wir schon bald wieder einen anderen oder größeren Reiz brauchen. Ein Beispiel dafür geben Menschen, die sich alles leisten können, wie der russische Milliardär Roman Abramowitsch. Kaum hat eine Luxusyacht die Werft verlassen, gibt er eine noch größere in Auftrag.

Außerdem bringt uns die Erfüllung des Wunsches nicht, was wir eigentlich von ihr erhoffen. Während wir noch damit beschäftigt sind, darum zu kämpfen, fällt es uns meist nicht auf, dass wir aufs falsche Pferd gesetzt haben. Doch am Ende müssen wir uns eingestehen, dass uns das Ersehnte gar nicht so glücklich und zufrieden macht, wie wir geglaubt haben. Oft sind wir dann enttäuscht oder bereuen unseren Einsatz sogar.

Svenja, 39, Kosmetikerin, hatte sich von ihrer Mutter zu dem Wunsch nach einer Eigentumswohnung anregen lassen. »Wenn du dein eigenes Dach über dem Kopf hast, dann kann dir kein Vermieter mehr etwas vorschreiben, und eine Alterssicherung hast du auch«, schwärmte ihre Mutter. Sie bot ihrer Tochter sogar an, von ihrer Rente einen Teil zum Eigenkapital beizusteuern. Svenja fand die Idee schließlich auch verlockend. Sie nahm einen Kredit auf und legte sich mit der Rückzahlung auf Jahre fest. Die Wohnung, die sie kaufte, war schön. Hell, ruhig, mit Balkon. Das Einrichten machte Svenja auch noch Spaß. Aber nun sitzt sie in ihrer Wohnung und ist nicht besonders glücklich. »Jetzt muss ich jahrelang auf so vieles verzichten«, beklagt sie sich. »Reisen und schicke Klamotten sind kaum noch drin. Ich hätte lieber in meiner Mietwohnung bleiben sollen.«

Wie sich »summende« Wünsche auswirken

Sie wissen ja: Bei summenden Wünschen handelt es sich um solche, die eng mit unserer Persönlichkeit verbunden sind, mit den eigenen Vorlieben und Talenten. Sie beziehen sich immer auf etwas, das uns wirklich berührt und beschäftigt. Das führt zu positiven Ergebnissen: Bei kleinen summenden Wünschen hält die Freude lange an. Weil wir das lieben, was wir uns gewünscht haben, erneuert sich das Vergnügen bei jeder Beschäftigung damit immer wieder wie von selbst.

Wie bei Barbara, 42, Pastorin. Es macht ihr besonderen Spaß, Briefe von Hand zu schreiben. Stolz sagt sie: »In Zeiten von E-Mail ist das doch etwas Besonderes.« Jetzt hat sie sich einen teuren Füller gegönnt. »Der gleitet so wunderbar über das Papier«, schwärmt sie. Jedes Mal, wenn sie den Füller aus dem Lederetui nimmt, bedeutet das für sie einen Genuss.

Große summende Wünsche bezeichnen wir auch als Herzenswünsche. Für diese Art von Wünschen lohnt sich der Einsatz unbedingt. Denn: Die Freude ist dauerhaft. Was für die kleinen summenden Wünsche gilt, trifft für die großen erst recht zu. Hat sich der summende Wunsch endlich erfüllt, bleibt die Lust doch erhalten. Man ist wirklich glücklich – und nicht nur froh, erleichtert oder für eine Weile zufrieden. Und große summende Wünsche bieten noch ein besonderes Extra auf dem Weg zum Ziel: Der Wunsch setzt ein großes Potenzial an Energie frei. Schon während Sie auf die Erfüllung hinarbeiten, spüren Sie eine ungeahnte Kraft. Sie geraten dabei oft in einen *Flow*, einen Zustand, in dem Sie so konzentriert sind, dass Sie völlig die Zeit vergessen. Selbst durch Hindernisse lassen Sie sich nicht von Ihrem Ziel abbringen.

Vielleicht wenden Sie jetzt ein: Viel Energie setzt man doch oft auch bei großen winkenden Wünschen ein, etwa wenn man unbedingt Karriere machen oder viel Geld verdienen will. Stimmt, aber es fühlt sich anders an. Die Energie, die Sie für einen großen winkenden Wunsch aufbringen, bedeutet eine enorme Anstrengung – Sie müssen sich selbst immer wieder überwinden und zum Durchhalten zwingen. Allein der Blick aufs Ergebnis hält Sie bei der Stange. Anders ist es bei den großen summenden Wünschen: Hier fällt der Weg zur Erfüllung wesentlich leichter. Sogar objektive Belastungen werden dann zum »Eu-Stress« (Glücksstress), wie Hans Selye, der Vater der Stressforschung, positive Herausforderung genannt hat. Weil Sie lieben, was Sie tun, beschäftigen Sie sich freiwillig lange und intensiv damit. Als der amerikanische Manager George Halas von einem Freund bedauert wurde, dass er sogar am Wochenende arbeiten musste, sagte er lächelnd: »Das ist für mich keine Arbeit. Arbeit ist es nur, wenn man lieber anderswo wäre.«

Auf welche Art von Wunsch wollen Sie setzen?

Sie sehen selbst, dass Wunsch nicht gleich Wunsch ist. Zwischen winkenden und summenden Wünschen besteht ein großer Unterschied. Im Vergleich liegen die Vorteile für die summenden Wünsche so eindeutig auf der Hand, dass Ihnen die Entscheidung gewiss nicht schwerfällt, für welche Art von Wunsch Sie Ihre Energie einsetzen wollen. Nun gut, bei den kleinen Wünschen kann man da sicher ein Auge zudrücken. Es wäre dann doch zu strikt, wenn wir uns nur das leisten dürften, was auch wirklich summt. Aber für Ihre großen Wünsche möchte ich Ihnen dringend raten: Engagieren Sie sich vor allem für diejenigen, die summen. Setzen Sie sich für Ihre Herzenswünsche ein. Allerdings weiß ich aus eigener Erfahrung nur zu gut, dass wir nicht immer so rational, besonnen und erfahren sind, um uns ohne Umschweife für unsere summenden Wünsche zu entscheiden. Manchmal muss man einen großen Umweg über einen winkenden, von außen angeregten Wunsch nehmen, um überhaupt intensiv zu spüren, was man wirklich will.

Vielleicht streben Sie zunächst einen sicheren Job an, um dadurch zu erfahren, dass Ihnen eine interessante Aufgabe trotz Risiko mehr bedeutet. Oder Sie leiden erst einmal ein paar Jahre unter einem unzuverlässigen Abenteurer, den Sie unbedingt erobern wollten, und werden dadurch reif für einen Mann, der weniger aufregend ist, Sie aber glücklich macht. Oder Sie erfüllen sich Ihren Traum und ziehen in ein sonniges Land, um dort zu erkennen, dass Sie sich nur in der Heimat wohlfühlen. Oder Sie verdienen erst einmal eine Menge Geld, um schließlich festzustellen, dass Sie eigentlich auf der Suche nach einem tieferen Lebenssinn sind.

Sicher hat der Schriftsteller Paulo Coelho Recht, wenn er sagt: »Woher soll ich wissen, wie viel genug ist, wenn ich noch nie genug gehabt habe?« Keine Erfahrung ist letztlich vergebens, dies zum Trost für alle, die in puncto Wünsche bisher einen aufwändigen Umweg gemacht haben. Entscheidend ist, dass Sie den Unterschied zwischen den Wünschen kennen und sich im Zweifelsfall immer für Ihre summenden Wünsche entscheiden. Nur die machen Sie wirklich glücklich.

Ich weiß, wovon ich rede. In einer persönlichen »Langzeitstudie« habe ich nämlich die gleiche Menge an Zeit und Energie zuerst in einen winkenden und dann in einen summenden Wunsch investiert und dabei ganz unterschiedliche Erfahrungen gemacht. Das kam so:

Schon als Teenager interessierte ich mich für Psychologie. Mit fünfzehn lieh ich mir die Werke von Sigmund Freud und C. G. Jung in der Stadtbücherei aus und legte in einem Schulheft eigenständige Typologien über Nachbarn und Mitschüler an. Die Psychologie summte also ziemlich heftig, nur offenbar zur falschen Zeit. Psychologie war damals eine junge Wissenschaft und wurde allgemein noch mit Skepsis betrachtet. Auch bei der Berufsberatung, in die mich meine Eltern nach dem Abitur schickten, damit ich mich erst einmal gründlich informierte. Dort riet man mir dringend, lieber das Höhere Lehramt anzustreben als die unsichere Psychologie. Mein Vater war der gleichen Ansicht: »Lerne etwas Vernünftiges, dann kannst du dich immer selbst ernähren.« Ich war jung und einsichtig. Also änderte ich mein Wunschziel Psychologie in Germanistik und Philosophie mit dem Endziel Höheres Lehramt. Ich kann nicht sagen, dass mir das Studium keinen Spaß gemacht hätte, es war durchaus interessant, nur nicht meine große Leidenschaft. Aber spätestens während der darauf folgenden Referendarzeit an einem Gymnasium erkannte ich, dass ich einem winkenden Wunsch gefolgt war. Lehrerin zu sein war einfach nicht mein Ding. Zum Glück war das Summen in Richtung Psychologie noch nicht verstummt. Kaum hatte ich das zweite Staatsexamen in der Tasche, bewarb ich mich für einen Studienplatz in Psychologie und bekam ihn an der Uni Hamburg. Ich studierte mit Begeisterung. Die konnten nicht einmal die Statistik-Seminare in den ersten Semestern schmälern, die mich als Mathe-Phobikerin an meine Grenzen brachten. Und auch nicht, dass ich, um das Studium zu finanzieren, nebenher jobben musste. Hier bestätigte sich Nietzsches Satz: »Wer das Warum kennt, erträgt fast jedes Wie.« Ich war fasziniert von allem, was die Psychologie zu bieten hatte. Nächtelang lernen? Komplizierte Fachbücher lesen? An Wochenendseminaren teilnehmen? Klar, gerne. Und das Endergebnis: Bis heute bin ich eine leidenschaftliche Psychologin. Ich liebe mein Fach und bin damit absolut glücklich. Das ist nicht nur meine eigene Erfahrung. In zahlreichen Coachings konnte ich auch bei meinen Klienten feststellen: Glücklich machen nur die Wünsche, die unsere individuellen Anlagen und Neigungen voll erfassen – nicht diejenigen, die uns offen oder heimlich von anderen vorgeschrieben werden. Der italienische Psychologe Roberto Assagioli drückt es so aus, dass uns unser Dasein, unser Schaffen und unsere Beziehungen zu anderen ganz und gar entsprechen sollten. Wenn Sie Ihren großen summenden Wünschen folgen, tun Sie einen wichtigen Schritt in diese Richtung.

Passen Ihre Wünsche zu Ihren Werten?

Ein Letztes sollten Sie in Bezug auf Ihre großen Wünsche noch klären: Passen sie auch zu Ihren Werten? Der amerikanische Managementtrainer Brian Tracy sagt: »Die glücklichsten Menschen in unserer heutigen Welt sind die, die in Harmonie mit ihren innersten Überzeugungen und Werten leben. Die unglücklichsten Menschen sind die, die versuchen, im Widerspruch zu dem zu leben, was sie wirklich wertschätzen und glauben.«

Es lohnt sich also, dass Sie sich Ihre wichtigsten Werte bewusst machen und sie mit Ihren Wünsche abgleichen. Wir alle möchten uns gut fühlen und unangenehme Gefühle vermeiden. Dazu hat jeder einen einzigartigen Code entwickelt, in dem verschlüsselt ist, was er mit Freude oder Leid gleichsetzt. Dieses Orientierungssystem sind unsere Wertvorstellungen. Sie sind so individuell wie ein Fingerabdruck. Jeder Mensch hat im Laufe seines Lebens gelernt, bestimmte Werte höher zu schätzen als andere. Häufige Werte sind zum Beispiel Erfolg, Macht, Harmonie, Anerkennung, finanzielle Sicherheit, Freiheit, Mut, Liebe, Wissen, Verantwortung, Ehrlichkeit, Ehre, Gerechtigkeit oder Gelassenheit. Ergänzen Sie diese Liste gerne noch um Werte, die Ihnen selbst einfallen. Wahrscheinlich werden Sie die meisten der allgemeingültigen Werte als positiv ansehen, aber Sie werden nicht allen das gleiche Gewicht zumessen. Für bestimmte Werte wären Sie bereit, mehr zu tun als für andere.

Im besten Fall passen Ihre großen Wünsche zu Ihren wichtigsten Werten. Interessanterweise sind Sie dann auch mit dem, was Sie tun, besonders erfolgreich, vermutlich deshalb, weil Ihre Werte Ihnen zusätzliche Energie schenken. Bei prominenten Personen kann man oft auf den ersten Blick erkennen oder an ihren Äußerungen ablesen, welche Werte sie bewegen. Für Mutter Teresa waren vermutlich »Helfen«, »Glauben« und »Herausforderung« die Top-Werte. Bei dem Bergsteiger Reinhold Messner tippe ich auf »Abenteuer«, »Anerkennung« und »Disziplin«. Und für das Party-Girl Paris Hilton fällt mir sofort »Berühmt sein«, »Geld« und »Spaß haben« ein.

Nicht jeder Ihrer großen Wünsche wird sich immer auf Ihre höchsten Werte beziehen, doch zumindest sollte er zu keinem von ihnen im Widerspruch stehen. Wenn etwa Freiheit bei Ihnen Priorität hat, gibt es Probleme mit einem Wunschpartner, dem viel an Nähe liegt. Oder wenn Harmonie für Sie von Bedeutung ist, dann sollten Sie sich beruflich nicht in ein Haifischbecken begeben, selbst wenn Sie dort Ihren Wunsch nach einer glanzvollen Karriere befriedigen könnten. Was passiert, wenn Wünsche von Werten abgekoppelt werden, lässt sich oft bei Politikern, Bankern und Wirtschaftsbossen verfolgen. Doch selbst wenn es bei Ihnen weniger dramatische Folgen hätte – Sie werden sich nicht wirklich wohlfühlen und die Erfüllung ihres Wunsches nicht genießen können. Leben und handeln Sie Ihren Werten entsprechend, fühlen Sie sich dagegen auf dem Weg zur Wunscherfüllung stark und sicher. Also, behalten Sie für Ihre Wünsche bitte auch Ihre grundlegenden Werte im Auge.

Ihre Wünsche – der Schlüssel zum glücklichen Leben

Vielleicht brummt Ihnen jetzt der Kopf von all den Einteilungen und Kategorien in puncto Wünsche, und Sie fragen sich leicht erschöpft: »Wofür denn der ganze Aufwand, warum muss ich denn meine Wünsche so genau analysieren?« Antwort: Weil Sie es (sich) wert sind. Sie sind ein ganz besonderer Mensch. Machen Sie sich bitte bewusst, dass die Welt Sie braucht, mit Ihren einmaligen Talenten und Begabungen. Fälschlicherweise meinen wir oft, so etwas würde nur für begnadete Musiker oder engagierte Ärzte gelten, aber das stimmt nicht. Wo immer Sie sind, können Sie etwas schaffen, was kein anderer zu bieten hat. Und genauso wichtig: Sie haben alles Glück der Erde verdient. Sollten Sie etwas anderes glauben, dann haben Sie falsche Urteile aus Ihrer Umgebung übernommen.

Raten Sie mal, wie sich beides, Lebensaufgabe und Glück, miteinander verbinden lassen. Genau, über die passenden Wünsche. Ihre Wünsche sind der Treibstoff für Ihre Zukunft. Sie können sich überlegen, ob Sie sich irgendeine Mischung in den Tank füllen, nur stotternd vorankommen und am Ende vielleicht sogar festsitzen – oder ob Sie Super tanken und zügig und mit Power Ihr Ziel erreichen. Sie sind nicht irgendwer – also wünschen Sie sich nicht irgendwas. Ihre wichtigen Wünsche sollten mit Ihren Neigungen und Talenten übereinstimmen und außerdem mit Ihren höchsten Werten kompatibel sein. Dann führen Sie sie zu einem Glück, das tiefgehend und dauerhaft ist. Deshalb ist es nötig, nicht einfach drauflos zu wünschen, sondern sich die Wünsche erst einmal genau zu betrachten. Der amerikanische Lehrer und Künstler Tom Crockett sagt: »Alle Ihre Wünsche werden zu Ihnen sprechen, wenn Sie Ihre Fähigkeit entwickeln, Ihnen zuzuhören, doch nicht alle Wünsche werden Ihnen bedeutende Dinge zu sagen haben.«

Und wenn Sie ganz genau hinhören, dann erzählen Ihnen Ihre wichtigsten Wünsche sogar, was hinter ihnen steckt. Wie Sie wissen, sind sie der Ausdruck eines tieferen Bedürfnisses, das mit Ihrer Persönlichkeit verbunden ist. Falls Sie Lust haben, können Sie auch mit dem Test im folgenden Kapitel auf unterhaltsame Weise hinter die Kulissen Ihrer Wünsche schauen und herausfinden, was Sie vermutlich häufig motiviert.

Test: Was wünschen Sie sich wirklich?

Klar, Sie wünschen sich alles: Liebe, Erfolg und Lebensfreude. Tatsache ist aber auch, dass Sie nicht für jedes Bedürfnis die gleiche Energie aufbringen können. Wenn Sie das Optimale erreichen wollen, sollten Sie einen Schwerpunkt setzen. Testen Sie hier, was speziell für Sie Priorität hat – vielleicht sogar unbewusst. Es lohnt sich, denn nur, wenn Sie bekommen, was Ihnen wirklich wichtig ist, werden Sie glücklich sein.

Und so wird der Test gemacht: Kreuzen Sie bei jeder Frage die Antwort an, die am ehesten für Sie zutrifft.

Testfragen .... ✖

Frage 1

Neid, Neid, Neid – manche Frauen haben einfach alles: eine noble Familie, beste Beziehungen, Geld wie Heu. Was tröstet Sie, wenn sich bei Ihnen Neid meldet?

- Die wissen doch nie genau, ob man sie selbst liebt oder das, was sie zu bieten haben. (A) .... ◯
- Weil sie sich alles leisten können, freuen sie sich kaum noch über kleine Dinge. (C) .... ⊗
- Richtig glücklich werden sie auch nur, wenn sie mit ihrer Position etwas für andere tun. (D) .... ◯
- Die sind oft so verwöhnt, dass sie keinen Biss mehr haben. (B) .... ◯

Frage 2

Nie hätten Sie geglaubt, dass es Ihnen passiert: Er hat Sie herzlos wegen einer anderen verlassen.

- Sie sinnen eiskalt auf Rache. Das wird er noch sehr
  bereuen. (B) .... ⊗

- Sie zweifeln daran, ob Sie je wieder einem Mann
  bedingungslos vertrauen können. (D) .... ◯

- Sie fühlen sich unendlich einsam. Ohne ihn ist die
  Welt eine Wüste. (A) .... ◯

- Sie stürzen sich ins wilde Partyleben, um zu
  vergessen. (C) .... ◯

Frage 3

Schließen Sie die Augen und stellen Sie sich der Reihe nach folgende Situationen vor:

- Sie sitzen mit Freunden am Küchentisch und essen
  Spaghetti. (A) .... ◯

- Sie liegen gemütlich mit einem Glas Wein auf dem Sofa
  und sehen Ihre Lieblings-Soap. (C) .... ◯

- Sie drehen sich vor dem Spiegel in der Boutique und
  finden, dass Ihnen das Kleid super steht. (B) .... ◯

- Sie geben einem Bettler einen Geldschein und sehen
  die Freude in seinem Gesicht. (D) .... ⊗

Wobei haben Sie sich am besten gefühlt?

Frage 4

Manche Typen nerven. Ganz besonders ärgern Sie sich über ...

- arrogante Menschen, die andere bewusst übersehen. (A) ... ◯

- Schaumschläger mit großer Klappe und nichts
  dahinter. (B) .... ◯

● Nörgler, die immer ein Haar in der Suppe finden. (C) . . . . . . ◯

● Opportunisten, die nur an ihren Vorteil denken. (D) . . . . ⊗

Frage 5

Welches Motto passt am besten zu Ihnen?

● »Geht nicht gibt's nicht.« (B) . . . . ◯

● »Tu Gutes und sprich drüber.« (D) . . . . ◯

● »Gib jedem Tag die Chance, der beste in deinem
  Leben zu werden.«(C) . . . . ◯

● »Lieber gemeinsam als einsam.« (A) . . . . ⊗

Frage 6

Besonders schwer fällt es Ihnen, ...

● sich vor wichtigen Leuten eine Blöße zu geben. (B) . . . . ⊗

● jemandem ins Gesicht zu sagen, dass er ein Ver-
  sager ist. (A) . . . . ◯

● den Mund zu halten, wenn jemand ungerecht
  behandelt wird. (D) . . . . ◯

● auf eine tolle Einladung zu verzichten, weil Sie eine
  Freundin mit Liebeskummer trösten müssen. (C) . . . . ◯

Frage 7

*Sie bekommen eine Auszeichnung dafür, dass Sie Gutes getan haben.
Auf welche sind Sie besonders stolz?*

● Man kürt Sie zur »Managerin des Jahres« für Ihre
  Förderung der Handelsbeziehungen mit Asien. (B) . . . . ◯

● Der Bundespräsident verleiht Ihnen das große Verdienst-
  kreuz für Ihren selbstlosen Einsatz bei einer
  Naturkatastrophe. (D) . . . . ⊗

● Sie werden Ehrenbürgerin einer deutschen
Großstadt, weil es Ihnen gelungen ist, großartige kulturelle Events zu organisieren. (C) .... ○

● Man ernennt Sie zur Unicef-Botschafterin, weil
es Ihnen eine Herzensangelegenheit ist, auf die
Not der Kinder in der Welt aufmerksam zu
machen. (A) .... ○

*Frage **8***

Erde, tu dich auf. Was ist Ihnen besonders peinlich?

● Sie plaudern unbedacht ein Geheimnis aus, das Ihnen
Ihre Freundin anvertraut hat. (D) .... ○

● In der Kantine ziehen Sie über eine Kollegin her.
Als Sie sich umdrehen, sehen Sie in ihre entsetzten
Augen. (A) .... ⊗

● Als Trauzeugin erscheinen Sie zwanzig Minuten zu
spät auf dem Standesamt, weil Sie verschlafen
haben. (B) .... ○

● Sie dachten, die Party wäre ganz zwanglos und
kommen lässig in Jeans. Die Gastgeberin empfängt
Sie im kleinen Schwarzen. (C) .... ○

*Frage **9***

*Sie können ein Jahr lang im Job richtig Geld verdienen. Allerdings hat
die Sache einen Haken. Welchen akzeptieren Sie am wenigsten?*

● Tag für Tag nur Routine. (C) .... ○

● Was Sie tun, ist völlig überflüssig. (D) .... ○

● Sie werkeln mutterseelenallein vor sich hin. (A) .... ○

● Ein unfähiger Chef sabotiert Ihre Arbeit. (B) .... ⊗

Frage **10**

Eine Zigeunerin will Ihnen aus der Hand lesen. Was meinen Sie dazu?

● Die erzählt garantiert jedem, was er hören möchte: viel Geld, große Liebe, toller Job. (B) . . . . ⊗

● Ist doch lustig. Außerdem glaube ich sowieso nur das Gute. (C) . . . . ◯

● Warum nicht? Manche haben ja wirklich hellseherische Fähigkeiten. (D) . . . . ◯

● Wenn es zutrifft, beruht das auf guter Menschen-kenntnis. (A) . . . . ◯

Frage **11**

Notieren Sie per Stichwort drei Erlebnisse, über die Sie in den letzten Monaten besonders glücklich waren:

● *Silas zur Frankreich Reisen Provence*

◯

● *Jule gesund, Wolf in Münst.*

◯

● *Job Tanz Oslo*

◯

Statt eines Kreuzchens notieren Sie hier bitte einen Buchstaben:
Was hat dieses Erlebnis für Sie besonders ausgezeichnet?

A = Sie haben Zuneigung, Nähe oder Verständnis erlebt.
B = Sie haben etwas geschafft, erreicht, Anerkennung bekommen.
C = Sie haben etwas richtig genossen, waren entspannt.
D = Sie haben anderen etwas gegeben, erhielten Dank, haben sich weiterentwickelt.

Frage 12

Kleine Reise in der Zeitmaschine: Sie sind gerade achtzig Jahre alt geworden. Wie sehen Sie sich?

- Ich bin eine flotte alte Lady, mische das Seniorenheim auf und flirte mit dem hübschen jungen Pfleger. (C) .... ⊗

- Ich lebe friedlich in einer Wohngemeinschaft mit verschiedenen Generationen. (A) .... ◯

- Ich bin eine weise alte Frau, die ihre Erfahrung weitergibt. (D) .... ⊗

- Ich genieße die Früchte meiner Arbeit und tue endlich, wozu ich Lust habe. (B) .... ◯

Frage 13

Der Mann ist attraktiv, sieht blendend aus. Trotzdem sind Sie schnell abgetörnt, weil er ...

- angibt: »Mein Haus, mein Auto, mein Boot.« (D) .... ⊗

- betont, dass er sich noch nicht binden will. (A) .... ◯

- nur Platituden äußert. (B) .... ◯

- im Restaurant ein mickriges Trinkgeld gibt. (C) .... ⊗

Frage 14

Der alte Conte liegt auf dem Sterbebett. Um ihn versammelt ist seine zahlreiche Familie und die Dienerschaft. Während die Contessa weinend seine Hand hält, flüstert er seine letzten Worte. Was spricht Sie besonders an?

- »In den Herzen meiner Lieben werde ich weiterleben.« (A) .. ◯

- »Ich habe das Leben in vollen Zügen genossen.« (C) .... ⊗

- »Ich habe mitgeholfen, die Welt ein bisschen freund-
  licher zu gestalten.« (D) . . . . ◯
- »Ich habe meine Ziele erreicht.« (B) . . . . ◯

Frage 15

Zufällig hören Sie, wie Ihre Lieblingsfeindin über Sie lästert. Woran ist zumindest ein Körnchen Wahrheit?

- »Sie ist oberflächlich und denkt nur an ihr
  Vergnügen.« (C) . . . . ◯
- »Sie will im Mittelpunkt stehen, alles muss sich
  um sie drehen.« (B) . . . . ◯
- »Sie ist so auf Harmonie gepolt, dass man sich
  mit ihr gar nicht richtig streiten kann.« (A) . . . . ◯
- »Immer weiß sie alles besser und sagt einem,
  was man tun soll.« (D) . . . . ◯

Frage 16

Welchen guten Rat würden Sie einem Kind, das Sie sehr lieben, gerne mit auf den Weg geben?

- Gib immer dein Bestes, dann hast du Erfolg. (B) . . . . ◯
- Was auch geschieht, bleib dir treu. (D) . . . . ◯
- Wenn dir das Leben Zitronen serviert, mach
  Limonade draus. (C) . . . . ◯
- Was du an Liebe gibst, kehrt zu dir zurück. (A) . . . . ◯

Zählen Sie zusammen, wie oft Sie A, B, C und D angekreuzt haben. Ihr Ergebnis finden Sie unter dem Buchstaben, den Sie am häufigsten gewählt haben. Sind mehrere gleich häufig, lesen Sie bitte zuerst Auflösung E. Die Testauflösung finden Sie auf den jetzt folgenden Seiten.

Testauflösung

(A) Sie wünschen sich Kontakte

Die Verbindung zu anderen Menschen hat für Sie viele Facetten, sei es Austausch, gegenseitige Unterstützung oder Spaß — und alle sind Ihnen wichtig. Möglicherweise ist Ihnen der leichtfüßige Umgang mit Ihrer Umgebung schon in die Wiege gelegt worden und Ihre Mutter hat Ihnen später erzählt: »Du warst so ein offenes Kind, du bist sofort strahlend auf jeden Besucher zugelaufen.« Für Naturtalente ist schlüssig, dass der Umgang mit Menschen bis heute Vorrang hat. Schließlich tut man das am liebsten, was man besonders gut kann. Es ist aber auch möglich, dass sich der intensive Wunsch nach Verbindung bei Ihnen erst im Laufe der Zeit eingestellt hat. Und das hat gewiss mit Ihrer wachsenden Lebenserfahrung zu tun. Ihnen ist inzwischen klar geworden, dass Teamwork weiter führt als Einzelkampf und ein gut funktionierendes Netzwerk oft das A und O ist. Sie haben auch erkannt, dass eine berufliche Karriere oder materielle Dinge zwar durchaus angenehm und erstrebenswert sind, aber nicht wirklich das Herz berühren, schon gar nicht in einer Krise. Deshalb sind Ihnen heute Freunde, die Familie oder der Partner besonders wichtig.

So erfüllt sich Ihr Wunsch

- Geben Sie zuerst, was Sie selbst haben wollen. Sie möchten mehr Einladungen? Laden Sie andere ein. Sie wünschen sich Hilfe im Alltag? Seien Sie hilfsbereit. Aber achten Sie auch darauf, dass Geben und Nehmen auf die Dauer im Gleichgewicht sind.
- Jeder blüht auf, wenn er mit seinen positiven Seiten wahrgenommen wird. Seien Sie deshalb großzügig mit Komplimenten. Besonders gut kommt ein wirklich individuelles Lob an. Statt nur pauschal zu sagen »Du siehst super aus«, begründen Sie es: »…weil dein grünes Kleid perfekt zu deiner Augenfarbe passt.«

- Achten Sie auf Klasse statt Masse. Lieber wenige intensive als viele oberflächliche Kontakte. Überlegen Sie, wer Ihnen wirklich wichtig ist. Wer steht Ihnen nahe? Mit wem fühlen Sie sich seelenverwandt? Wer hat schon viel für Sie getan? Schenken Sie vor allem diesen Menschen Ihre Aufmerksamkeit. Wenn Sie Everybody's Darling sein wollen, verzetteln Sie sich leicht.

(B) Sie wünschen sich Erfolg

Erfolg verbindet man meist mit beruflichen Aufgaben, aber das ist zu kurz gedacht. Erfolgreich können Sie auch in anderen Lebensbereichen sein. Wohin auch immer Sie Ihre Aufmerksamkeit und Energie lenken, findet sich auch Ihr Wunsch nach einem optimalen Ergebnis. Etwa in der Familie, beim Training für den Marathon, als Hobby-Gärtnerin, im Spanischkurs oder als Gastgeberin. Dahinter steckt keineswegs nur Ihr durchaus gesunder Ehrgeiz. Sie wollen vor allem etwas bewirken. Sie sind nicht der Typ, der die Hände schicksalsergeben in den Schoß legt. Ihnen liegt viel daran, auf Ihre Umgebung Einfluss zu nehmen und falls nötig die Dinge zu verändern, die Ihnen nicht passen. Und vielleicht gibt es noch einen weiteren Grund, dass gerade jetzt Erfolg für Sie so wichtig ist: Die Unsicherheiten früherer Jahre sind vorbei. Inzwischen kennen Sie Ihre Vorzüge und sind sich Ihrer Leistung bewusst. Dafür möchten Sie ganz zu Recht die Früchte einsammeln, sei es in Form von Dankbarkeit, Lob, Anerkennung oder Geld.

So erfüllt sich Ihr Wunsch

- Schluss mit vornehmer Zurückhaltung. Klappern Sie ruhig etwas lauter. Im Job ist das ohnehin angebracht, aber auch auf anderen Gebieten, zum Beispiel im Ehrenamt oder zu Hause, sollten Sie nicht zu dezent sein. Weisen Sie sachlich darauf hin, was Sie alles getan haben, um ein bestimmtes Ziel zu erreichen. »Es war ziemlich schwer, die Konzerttickets zu bekommen. Ich habe den ganzen Vormittag telefoniert.«

- Wer auf das Prinzip »Erfolg« setzt, verfügt meist auch über einen starken Willen. In dessen Kielwasser finden sich oft Ungeduld und Dominanz. Vergessen Sie bitte nicht, dass Sie vor allem dort, wo Sie auf andere angewiesen sind, mit Charme meist mehr als mit Druck erreichen.
- Machen Sie sich Ihre Erfolge bewusst, am besten schriftlich. Schreiben Sie alles auf, was Sie inzwischen gut können, gelernt oder erreicht haben, seien es große Dinge oder auch nur kleine. Lesen Sie sich diese gewiss lange Liste regelmäßig durch. Das stärkt Ihr Selbstvertrauen und motiviert Sie zu weiteren Erfolgen.

(C) Sie wünschen sich Genuss

Sie möchten Ihren Spaß haben, und das zeigen Sie auch. Sie lachen gerne, belasten sich nicht unnötig mit Problemen und treffen lieber Optimisten als Schwarzseher. Für Sie steht Lebensqualität an oberster Stelle. Sich schinden für ein Ziel in weiter Zukunft? Das ist nicht unbedingt Ihr Ding. Wenn das Ziel zu aufwändig ist, entscheiden Sie sich oft für den Spatz in der Hand statt für die Taube auf dem Dach. Trotzdem wäre es unfair, das mit Oberflächlichkeit zu verwechseln. Ihr Spaß hat Format, sowohl in aktiver als auch in entspannter Form: Sie gehen gerne aus, ins Kino, auf eine Party, sind kulturell interessiert. Genauso genießen Sie im In-Lokal ein leckeres Essen mit Freunden oder lassen sich in einer Wellness-Oase verwöhnen. Ihre Umgebung fühlt sich von Ihnen inspiriert und schätzt an Ihnen, dass Sie so unkompliziert und herzlich sind. Keine Frage, Ihr Sinn für Genuss führt per Wechselwirkung dazu, dass Ihnen das Leben gerne seine Schokoladenseite zeigt.

So erfüllt sich Ihr Wunsch

- Stimmt, es macht zunächst mehr Spaß auszugehen, als sich abends zur Fortbildung zu quälen. Und es ist leichter, sich bei Problemen vom Partner zu trennen, als die Krise durchzustehen. Aber nur Gaudi bringt Sie nicht weiter. Weder im Job noch in der Liebe, und auch nicht als Persönlichkeit. Überlegen Sie, wo es sich lohnt, zu kämpfen. Das Ergebnis kann dann ein ganz besonderer Genuss sein.

● Genießen ist gut, aber mit Vorsorge noch besser. Denken Sie nicht nur bis zur nächsten Gehaltsabrechnung oder bis zum Jahresende. Legen Sie sich zum Beispiel ein finanzielles Polster zu, achten Sie auf Ihre Gesundheit. Das macht Ihren Genuss beständiger.

● Sie besitzen die Gabe, mit allen Sinnen zu genießen. Das ruft garantiert manche Puritaner auf den Plan. Bestimmt haben Sie schon manchmal gehört: »Wenn das nun alle täten!« Lassen Sie sich keine Schuldgefühle einreden. Schauen Sie lieber genau hin, wer da spricht, meist sind es nämlich diejenigen, die sich selbst jedes Vergnügen verbieten.

(D) Sie wünschen sich Sinn

Nichts gegen Vergnügen, aber nur nach dem Lustprinzip zu leben ist Ihnen einfach zu wenig. Was Sie tun, muss sinnvoll sein. Das hat durchaus einen idealistischen Aspekt. Sie möchten dafür sorgen, dass die Welt ein schönerer Ort ist. Werte wie Loyalität, Respekt und Verlässlichkeit spielen dabei eine große Rolle. Das klingt in Ihren Ohren zu edel? Es lässt sich auch einfacher ausdrücken: Sie geben anderen das, was Sie selbst gerne haben möchten. Etwa indem Sie Mitgefühl zeigen, konkrete Hilfe anbieten oder Ihr Wissen mitteilen.

Vermutlich waren Sie mit Ihrem ausgeprägten Verantwortungsgefühl ohnehin nie Mitglied einer oberflächlichen Konsumgesellschaft. Genauso gut kann sich Ihr Wunsch nach Sinn aber auch im Laufe der Zeit entwickelt haben: weil Ihr soziales Gewissen wacher geworden ist, weil Sie keine Lust mehr auf flache Beziehungen haben, weil Sie sich Nachhaltigkeit wünschen oder weil Sie sich weiterentwickeln möchten.

So erfüllt sich Ihr Wunsch

● Fragen Sie sich bei größeren Aufgaben: Was habe ich davon? Das ist in Ihrem Fall keineswegs egoistisch, sondern klug. Weil Sie dann nicht automatisch in die Falle tappen, nur das für sinnvoll zu halten, was anderen nutzt. Genauso wichtig ist, dass Sie selbst etwas davon haben – etwa mehr Wissen, Freude oder Selbsterkenntnis.

● Eine sinnvolle Tätigkeit lebt vom Kontrast. Sie entwickeln mehr Energie für die wichtigen Dinge, wenn Sie zwischendurch auch einmal etwas ganz ohne besondere Absicht und tieferen Sinn tun – mit Freunden einen Spieleabend verbringen, auf einer Party locker plaudern oder einen leichten, witzigen Roman lesen.

● Ihr Gefühl ist Ihr bester Wegweiser auf der Suche nach dem Sinn. Wenn Sie sich leer oder frustriert fühlen, sollten bei Ihnen die Alarmglocken läuten. Dann handelt es sich nämlich vermutlich um eine Tätigkeit oder Begegnung, die Ihnen nur eine äußerliche Belohnung verspricht. Trauen Sie verstärkt Ihrer Intuition. »Geh, wohin dein Herz dich führt« ist gerade für Sie ein gutes Motto.

(E) Ihnen sind verschiedene Wünsche gleichermaßen wichtig

Das ist im Prinzip vorteilhaft, denn auf diese Weise werden Sie in Ihren Zielen und in Ihrem Handeln nicht so schnell einseitig. Welche Wünsche das genau sind, lesen Sie bitte unter den Buchstaben nach, die Sie gleich häufig angekreuzt haben. Prüfen Sie doch einmal, ob sich Ihre Wünsche vielleicht gut miteinander verbinden lassen. Wenn für Sie etwa Erfolg und Sinn den gleichen Stellenwert haben, dann sind Sie zum Beispiel bei einer anspruchsvollen sozialen Aufgabe goldrichtig.

Eine »Doppelspitze« kann aber auch zu inneren Konflikten führen. Überlegen Sie in dem Fall, welches Bedürfnis für Sie in dieser Situation vorrangig ist. Darauf sollten Sie dann Ihre Aufmerksamkeit richten.

Lösen Sie die Bremse im Kopf

Sie wissen nun, welche Wünsche Ihnen die größte Befriedigung versprechen. Also kann es losgehen mit handfesten Aktionen zur Erfüllung? Noch nicht ganz. Vorher sollten wir noch abklären, ob auch nichts zwischen Ihrem Wunsch und seiner Erfüllung steht. Solange Sie nämlich einen unbewussten Widerstand haben, ist der Effekt ähnlich, als ob Sie beim Autofahren Vollgas geben und gleichzeitig die Handbremse anziehen. Dann können Sie mit eisernem Willen und ausgefeilter Vorstellungskraft noch so kräftig auf die Wunschtube drücken, Ihre heimliche negative Einstellung wird den Schwung blockieren. Nur wenn Ihr Unterbewusstsein und Ihre Wünsche in die gleiche Richtung zielen, können sie sich erfüllen. Haben Sie deshalb bitte noch etwas Geduld und nehmen Sie sich die Zeit, erst einmal Ihren Kopf aufzuräumen, damit Sie keine Enttäuschung erleben.

Die inneren Saboteure: Warum es oft nicht funktioniert

Meine Friseurin strahlte: »Es funktioniert! Im nächsten Monat beziehen wir den neuen Salon.« Sie hatte sich eines der aktuellen Wunschbücher zugelegt und glaubte nun, das Geheimnis zu kennen: »Man muss sich ganz fest vorstellen, was man will, dann kriegt man es auch.« Die Geschichte klang tatsächlich magisch. Seit einiger Zeit schon wollte sie aus ihrem Laden heraus. Der Hausbesitzer drohte, die Miete zu erhöhen, die Wände waren feucht, und außerdem dröhnten auf dem Nachbargrundstück die Presslufthämmer. Kurz nachdem meine Friseurin begonnen hatte, ihr mentales Wunsch-Programm zu starten, ging der Computerladen auf der gegenüberliegenden Straßenseite pleite. Beste Lage für Laufkundschaft, Sonnenseite, kein Baulärm und auch noch eine geringere Miete. Die perfekte Wunscherfüllung. Sie griff sofort zu. Als ich ihr bei der Eröffnung zu dem schönen neuen Salon gratulierte, sagte sie im Brustton der Überzeugung: »Und jetzt wünsche ich mir noch meinen Traummann.« Sie war sicher, dass das genauso leicht ginge. In den folgenden Monaten erfuhr ich auf meine dezente Nachfrage, dass sich in Sachen Liebe leider noch immer nichts getan hatte. »Das verstehe ich nicht«, beklagte sie sich, »ich wünsche es mir doch so sehr.«

Warum klappt das eine und das andere nicht? Oft liegt der Grund darin, dass wir die Erfüllung unseres Wunsches heimlich sabotieren. Bewusst sind wir voll auf unseren Wunsch ausgerichtet und tun alles dafür, doch unbewusst beherrschen uns Gedanken und Gefühle, die dagegenarbeiten. Wenn unsere Wünsche im Konflikt mit unseren Überzeugungen liegen, dann gewinnen meist die letzteren. Ohne dass wir es merken, steuern sie unser Verhalten. Das kann dann so aussehen:

- Sie sind heimlich der Ansicht, dass reiche Menschen oberflächlich, verschwenderisch und blind für die Nöte anderer sind. Ihr Unterbewusstes versteht natürlich, dass Sie nicht wirklich zu diesem Kreis von Egozentrikern gehören möchten, selbst wenn Sie es offiziell verkünden. Deshalb sorgt es geschickt dafür, dass Sie vertrauensvoll mit einer großen Summe für einen Freund bürgen und dann tatsächlich zur Kasse gebeten werden.
- Bewusst sehnen Sie sich nach einer festen Beziehung, möchten einen treuen Mann und Kinder. Tief in Ihrem Herzen haben Sie allerdings Angst vor einer Bindung. Also verlieben Sie sich zunächst heftig in einen amerikanischen Austauschlehrer, der demnächst wieder nach Chicago zurückfliegt, danach in einen verheirateten Mann, der sich keinesfalls von seiner Frau trennen will.
- Nichts wünschen Sie sich mehr, als gesund zu sein. Gleichzeitig sind Sie davon überzeugt, dass Ihr Leiden in Ihrer Familie liegt, Ihre Tante hatte das schließlich auch. Prompt registriert Ihr Unterbewusst-

sein, dass Sie als loyales Familienmitglied die Tradition nicht durchbrechen möchten. Ergebnis: Sie gehen zu den besten Ärzten, nehmen regelmäßig Ihre Tabletten, visualisieren täglich völlige Gesundheit – und erreichen trotzdem nur eine leichte Besserung.

- Auf Ihrer Wunschliste steht »Karriere« ganz oben. Talentiert und tüchtig sind Sie, ohne Frage. Das bringt Sie auch in die enge Wahl für eine attraktive Position. Nur halten Sie sich im Grunde Ihres Herzens für nicht gut genug. Deshalb hilft Ihnen Ihr Unterbewusstes, beim Vorstellungsgespräch für Ihren Traumjob mit Körpersprache und Wortwahl Ihr Licht unter den Scheffel zu stellen. Ihre Unsicherheit schreckt den Personalchef ab.

Dr. Joseph Murphy, einer der Begründer des Positiven Denkens, mahnt eindringlich, man solle sich immer wieder vergewissern, ob sich die innere Einstellung mit den Herzenswünschen deckt: »Fragen Sie sich: ›Stimmt mein innerer Dialog mit meinem Ziel überein?‹ Ihre Antwort sollte lauten: ›Oh ja! Mein innerer Dialog entspricht dem, was ich laut sagen würde, wenn sich meine Lebensziele erfüllen.‹« Dr. Murphy hat völlig Recht. Nur ist es in der Praxis gar nicht so einfach, ein klares »Oh ja!« auszusprechen. Wir müssen erst einmal herausfinden, was da möglicherweise undercover gegen die Erfüllung unseres bewussten Wunsches arbeitet.

Keine Sorge, ich empfehle Ihnen dazu nicht die große Psychoanalyse nach Sigmund Freud, viermal pro Woche auf der Couch zur Erforschung Ihres Unterbewusstseins. »Unterbewusst« oder auch »unbewusst« bedeutet in diesem Fall zunächst nur, dass Ihnen bestimmte Anteile Ihres Denkens nicht präsent sind.

Schattenseite trifft Schokoladenseite

In Ihrem Bewusstsein befindet sich höchstwahrscheinlich nur die Schokoladenseite Ihres Wunsches. Wie wunderbar wäre es, einen Partner zu haben. Wie stolz wären Sie auf eine Beförderung zur Gruppenleiterin. Wie sehr würden Sie ein Ferienhaus in der Toskana genießen. Wie fantastisch wäre es, wenn Sie keine Brille mehr tragen müssten. Wie glücklich wären Sie mit einem eigenen Modegeschäft. Und was könnten Sie alles mit einem Lottogewinn anfangen?

Die Schattenseiten Ihrer Wunscherfüllung dagegen haben Sie verdrängt. Das betrifft nicht nur die realen Nachteile, die Sie wahrscheinlich kennen und die Ihnen jeder besonnene Mensch aufzählen könnte (darüber mehr in dem Kapitel über Angst ab Seite 151), sondern vor allem Ihre ganz persönlichen Anti-Vorstellungen. Im Verborgenen haben sich durch Erziehung, Einflüsse oder Erfahrungen negative Aspekte zu Ihrem Wunsch angesammelt und sabotieren ihn. Die gilt es, ins helle Licht des Bewusstseins zu holen und sich einmal gründlich anzuschauen.

Entdecken Sie Ihre unbewusste Überzeugung

Übung

Zunächst zum gemütlichen Teil: Nehmen Sie sich genügend Zeit und sorgen Sie dafür, dass Sie für eine Weile ungestört bleiben. Setzen Sie sich bequem in einen Sessel und schließen Sie die Augen. Entspannen Sie sich, indem Sie die Muskeln Ihres Körper vom Scheitel bis zu den Zehen langsam und so gut wie möglich lockern. Und dann vergegenwärtigen Sie sich Ihren Wunsch.

Stellen Sie sich nun langsam der Reihe nach die folgenden Fragen und horchen Sie dabei ohne Anstrengung in sich hinein, welche Antwort spontan auftaucht:

- Was sagt (denkt) mein Vater wohl zu diesem Wunsch?
- Was sagt (denkt) meine Mutter wohl zu diesem Wunsch?
- Welches Sprichwort fällt mir zu dem Wunsch ein?
- Welches Lied kommt mir zu dem Wunsch in den Sinn?
- Hat ein für mich wichtiger Mensch jemals zu mir gesagt: »Du wirst nie ...« oder »Du bekommst nie ...«?
- Haben sich Experten (Ärzte, Lehrer, Psychologinnen, Modelagenturen, Gesangslehrerinnen, Astrologen) negativ zu meinem Wunsch geäußert?

- Was werden meine Freunde (Kollegen, Verwandte) zu meinem Wunsch sagen?
- Was macht mir an der Wunscherfüllung Angst?
- Was ist mir an dem Weg dorthin zu mühsam?
- Wie lautet mein Urteil über diejenigen, die schon haben, was ich möchte?
- Was denke ich über diejenigen, die mir bei meinem Wunsch helfen müssten (Kunden, Klienten, Leserinnen, Sachbearbeiter)?
- Wovon muss ich Abschied nehmen, wenn sich mein Wunsch erfüllt?
- Wen verliere ich, wenn ich mein Ziel erreiche?
- Welche Eigenschaft oder Fähigkeit fehlt mir, die ich am Ziel vorweisen müsste (zum Beispiel Grenzen setzen, Reden halten)?

Sie haben es gewiss bemerkt: Bei manchen Fragen tut sich gar nichts, bei manchen gibt es eine positive Antwort. Aber bei einigen meldet sich plötzlich eine warnende, abwertende, urteilende, verächtliche oder strenge Stimme in Ihnen. Sie verrät Ihnen, was die Erfüllung Ihres Wunsches blockiert.

Ulla, 32, Psychologin, wünscht sich, als Unternehmensberaterin in der Wirtschaft erfolgreich zu sein. Ihr ist nicht bewusst, wie schlecht sie im Grunde über ihre Klientel denkt: »Manager sind gefühllos und auf Erfolg gepolt.«

Alexandra, 24, Schauspielerin, will zum Fernsehen. Die Frage nach der Meinung ihrer Eltern kommt ihr zunächst absurd vor, schließlich lebt sie schon lange nicht mehr zu Hause. Doch dann erkennt sie, dass sie unbewusst die Einstellung ihrer Mutter übernommen hat. Sie hat ihr eingeimpft, immer hübsch bescheiden im Hintergrund zu bleiben.

Welche Sätze, die gegen Ihren Wunsch stehen, sind bei Ihnen aufgetaucht? Am besten schreiben Sie sie gleich auf ein Blatt Papier. Sie sind nämlich der Stoff für Ihren nächsten Schritt.

Beenden Sie Ihren inneren Streit

Nun geht es darum, Ihre innere Gegenstimme davon zu überzeugen, dass sie Unrecht hat. Stellen Sie sich vor, Sie sind eine erfolgreiche Anwältin. Ihr Auftrag ist, in dem von Dr. Murphy beschworenen inneren Dialog Ihre positive innere Stimme zu vertreten, diejenige, die sich für Ihre Wünsche ausspricht. Als clevere Anwältin suchen Sie nun alles zusammen, was Sie an Informationen, wissenschaftlichen Ergebnissen und Erfahrungen zu Ihrem speziellen Wunsch-Thema finden können. Denken Sie gründlich nach, unterhalten Sie sich mit Freunden darüber, lesen Sie Ratgeber, erkundigen Sie sich bei Fachleuten, recherchieren Sie im Internet. Die folgenden Fragen geben Ihnen dazu einen Leitfaden an die Hand.

Checkliste

- ○ Sind prinzipiell Ausnahmen von dem möglich, was Ihre negative Stimme behauptet? (Logisch: Wenn es auch nur eine einzige Ausnahme gibt, kann die auch für Sie gelten.)

- ○ Kennen Sie solche Ausnahmen oder haben schon einmal davon gehört?

- ○ Vertreten Freunde oder Bekannte eine andere Meinung als Ihre negative Stimme?

- ○ Gibt es Experten, die anderer Ansicht sind? (Immer eine zweite Meinung einholen!)

- ○ Ist die Aussage Ihrer negativen Stimme vielleicht schon längst überholt, etwa weil Sie kein Kind mehr sind, eigenes Geld verdienen und erfolgreich sind?

- ○ Wie können Sie die negative Stimme nutzen?

- ○ Muss Ihre Wunscherfüllung wirklich so enden, wie die negative Stimme behauptet?

○ Gibt es Beispiele in Ihrem Umfeld, wo es ganz anders gekommen ist?

○ Beruht die Meinung der negativen Stimme auf einem Missverständnis, mangelnder Kenntnis oder fehlender Information?

Am besten schreiben Sie alle überzeugenden Gründe auf. Halten Sie auf dieser Basis ein flammendes Plädoyer für Ihren Wunsch. Ihre negative innere Stimme wird dabei hoffentlich immer kleinlauter und gibt sich schließlich dank Ihrer klugen Beweisführung geschlagen.

Schlechte Erfahrungen blockieren Ihren Wunsch

Möglicherweise liegt bei Ihnen aber auch ein ganz anderer Fall vor. Vielleicht hindert Sie keine unbewusste Einstellung, sondern Sie knabbern noch immer an einer üblen Geschichte, die Ihnen einmal passiert ist. Die Auswirkungen einer bewusst erlebten Situation hindern Sie daran, für Ihren Wunsch aktiv zu werden.

So wie bei Conny, einer 43-jährigen Grafikerin. Durch die Fehldiagnose eines Arztes, der sogar zu den Spezialisten seines Faches zählte, musste Conny monatelang Schmerzen erleiden. Jetzt setzt sie keinen Fuß mehr in eine Praxis, auch wenn das eigentlich nötig wäre, um ihren Wunsch nach völliger Gesundheit zu erfüllen.

Oder wie bei Sina, 35, die sich einen Partner wünscht. Über eine Online-Partnerbörse lernte sie einen Mann kennen, in den sie sich verliebte. Er machte ihr erst Hoffnungen, sprach sogar vom Zusammenziehen, meldete sich dann aber von heute auf morgen nicht mehr. Seitdem hat Sina von den Kerlen die Nase voll und verleugnet ihre Sehnsucht nach einer Familie.

Oder Stefan, 50, der geerbt hat und mehr aus seinem Geld machen wollte. Der Anlageberater, den ihm ein Freund empfohlen hatte, versprach ihm satte

Gewinne durch Aktien und spielte das Risiko herunter. Stefan verlor einen
großen Teil der Summe. Heute traut er keinem Banker mehr. Den Traum vom
Wohlstand hat er sich abgeschminkt.

Tatsächlich können mit negativen Erfahrungen verbundene schmerzliche, beschämende oder wütende Gefühle die Erfüllung unserer Wünsche blockieren. Wenn Sie aktuell darunter leiden, wären Sie diese quälenden Emotionen sicher herzlich gerne los. Aber wie kriegt man so etwas aus dem Kopf? Purer Wille scheint da einfach nicht zu funktionieren. Doch es gibt einen anderen Weg: Sie können es mit Fantasie schaffen.

Positive Gehirnwäsche

Der amerikanische Gehirnforscher T. D. A. Lingo hat eine Technik entwickelt, mit der Sie die Folgen von unangenehmen Erlebnissen neutralisieren können. Dahinter steckt mehr als nur das bekannte Visualisieren einer erwünschten Situation. Lingos Fünf-Schritte-Programm beruht auf Ergebnissen der Gehirnforschung. Deshalb erst einmal ein kleiner Grundkurs zur Funktion unserer grauen Zellen.

Das menschliche Gehirn besteht aus drei Teilen. Sie sind zwar miteinander verbunden, haben aber jeweils eine eigene Funktion: Das Reptiliengehirn kontrolliert die einfachsten Überlebensstrategien wie Puls, Atmung und die Selbstverteidigungsmechanismen Flucht und Kampf.

Das limbische System fügt den primitiven Grundfunktionen Emotionen und soziales Verhalten hinzu. Es bewirkt, dass es uns gut oder schlecht geht. Im limbischen System gibt es außerdem den Mandelkern, die Amygdala. Dabei handelt es sich um eine Art Kippschalter, der entweder zum Reptiliengehirn auf Verteidigung und Angriff schaltet oder vorwärts zum Stirnlappen mit dem Effekt von Wohlgefühl und intuitiver Intelligenz.

Beim Großhirn (Neokortex) und den Stirnlappen handelt es sich um einen hoch entwickelten Teil. Mit ihm erkennen wir Ursache und Wirkung, werden Denkprozesse und Handlungen angeregt. Hier befindet sich auch der Sitz von Sprache, Musik, Kreativität, Planung und Einsicht.

Lingos Programm bringt die in der Vergangenheit konditionierten Reflexe vom Reptiliengehirn und die damit verbundenen Emotionen vom limbischen System unter die Kontrolle des Stirnlappens. Klingt ziemlich kompliziert? Man kann es auch so beschreiben: Sie haben in der Vergangenheit eine für Sie schmerzhafte Situation gespeichert. Sobald Sie heute in eine ähnliche Lage geraten oder jemand genau diesen wunden Punkt bei Ihnen trifft, reagieren und fühlen Sie automatisch so wie damals, etwa ängstlich, gehemmt, wütend, traurig, hilflos. Dieser Automatismus lässt sich mithilfe Ihrer Vorstellungskraft auflösen und so verändern, dass Ihre ursprüngliche Einstellung oder Ihr ehemaliges Verhalten Sie in Zukunft nicht mehr beeinflusst. Dabei hat jeder Schritt des Programms auf der Basis der Gehirnfunktionen seine besondere Bedeutung: Mit dem ersten Schritt vergegenwärtigen Sie sich noch einmal das Geschehen. Der zweite Schritt nimmt Ihnen den damit verbundenen emotionalen Schmerz und setzt Ihr Gefühlsbarometer auf null. Mit dem dritten Schritt versorgen Sie Ihr Gehirn mit positiver Energie. Die Schritte vier und fünf festigen die Neuprogrammierung durch ein freudiges Gefühl.

Wenn Sie möchten, können Sie das gleich ausprobieren. Nehmen Sie sich das Erlebnis vor, von dem Sie glauben, dass es die Erfüllung Ihres Wunsches beeinflusst. Dabei spielt keine Rolle, ob es erst in der vergangenen Woche passiert ist oder schon dreißig Jahre zurückliegt. Vielleicht sind Sie mit vierzehn vor der ganzen Klasse von Ihrer Deutschlehrerin gedemütigt worden, als Sie ein Referat vortrugen. Das war der Urknall dafür, dass Sie bis heute weiche Knie kriegen, wenn Sie vor mehr als drei Leuten sprechen sollen. Entscheidend ist also, wie bedeutsam die Erfahrung gegenwärtig noch für Sie ist.

Bevor es losgeht, ein wichtiger Hinweis: Manche Erlebnisse, wie etwa schwere Misshandlungen oder Vergewaltigung, sind so gravierend, dass man sich nicht alleine daran erinnern sollte. Suchen Sie sich in dem Fall für Ihre Fantasieübung unbedingt eine kompetente Begleitung, der Sie vertrauen können und in deren Gegenwart Sie sich sicher fühlen. In weniger dramatischen Fällen dürfen Sie die Übung alleine machen.

Starten Sie Ihr Veränderungsprogramm

Gehen Sie die folgenden Schritte der Reihe nach durch und überspringen Sie bitte keinen.

- *Erinnern Sie sich an den ursprünglichen Handlungsverlauf.* Auch wenn es schmerzt, holen Sie sich das unangenehme Ereignis ins Gedächtnis. Lassen Sie es noch einmal in allen Einzelheiten so vor Ihrem geistigen Auge ablaufen, als würde es jetzt geschehen. Beobachten Sie sich in der Situation. Hören Sie, was damals gesagt wurde. Lassen Sie sich ganz auf das Gefühl ein, das Sie hatten.

- *Schalten Sie in den Selbstverteidigungsmodus.* Stellen Sie sich nun die gleiche Situation noch einmal vor. Aber diesmal holen Sie sich eine(n) mächtige(n) Verbündete(n) an die Seite. Malen Sie sich aus, wie diese Person Sie beschützt und verteidigt. Dabei dürfen Sie auch Ihrem Bedürfnis nach Vergeltung ungehemmt nachgeben. Genießen Sie ohne schlechtes Gewissen in Ihrer Fantasie, beinharte Rache an denjenigen zu üben, die Sie gepeinigt haben.

- *Nehmen Sie eine positive Sichtweise ein.* Gehen Sie die ursprüngliche Erinnerung erneut durch. Aber diesmal schauen Sie sich die Situation mit Liebe, großem Mitgefühl und Weisheit an. Sie sehen hinter die Kulissen, erkennen plötzlich den Sinn. Spüren Sie, wie sich Ihr Gefühl zum Positiven verändert.

- *Visualisieren Sie sich selbst bei Ihrer Siegesfeier.* Jetzt folgt die emotionale Belohnung für Ihre geistige Veränderung. Sehen Sie sich in einer Stretchlimo durch Ihren Wohnort fahren. Alle Welt feiert mit Ihnen und lässt Sie hochleben, weil Sie die kritische Situation geistig überwunden haben. Die Anwohner werfen Konfetti aus dem Fenster, eine Musikkapelle spielt Freudenmärsche, Champagnerkorken knallen.

- *Nehmen Sie an der Preisverleihung teil.* Sie haben großartige Arbeit geleistet beim Neuprogrammieren Ihres Erinnerungsfilms. Deshalb überreicht man Ihnen jetzt etwas weitaus Bedeutenderes als einen Oscar: den Erinnerungsfilmpreis! Unter dem Jubel des begeisterten Publikums halten Sie die Trophäe hoch.

Das Programm im Test

Wie gut Lingos Programm funktioniert, zeigt die Erfahrung von Rebecca. Vor drei Jahren erlebte Rebecca eine hässliche Scheidung. Die Vorgeschichte dazu war klassisch: Ihr Mann hatte ein Verhältnis mit seiner jungen Assistentin und plante heimlich den Absprung. Über Monate räumte er systematisch die Sparkonten leer. Weil er das gemeinsame Geld verwaltete, kriegte die ahnungslose Rebecca nichts davon mit. Schließlich eröffnete er ihr, dass er mit seiner Geliebten zusammenziehen würde. Zum Abschied schleuderte er ihr noch ins Gesicht, eigentlich hätte er sie nie geliebt, außerdem wäre sie als Frau eine komplette Versagerin. Rebecca brauchte lange, um aus dem Tal der Tränen wieder aufzutauchen. Sie hat es geschafft, aber ihr Vertrauen in Männer ist seitdem erschüttert. Obwohl sie sich inzwischen eine neue Partnerschaft wünscht, zuckt sie immer wieder zurück, sobald sich jemand ernsthaft für sie interessiert. Das war für sie schließlich der Grund, mit professioneller Hilfe zu versuchen, sich von der hinderlichen Altlast zu befreien. In einer Coaching-Sitzung ging Rebecca Schritt für Schritt das Programm durch. Als Erstes sollte sie sich an das Ende ihrer Ehe erinnern, an die schlimmste Situation in dieser Zeit. Das fiel ihr nicht schwer. Sofort war alles wieder präsent, als wäre es erst gestern passiert. Wie im Film sah sie ihren Mann mit gepackten Koffern in der Türe stehen, hörte seine kalte Stimme und fühlte noch einmal ihre Verzweiflung. Während sie sich das vorstellte, sank sie in sich zusammen und wurde sehr traurig.

Im zweiten Schritt sollte sie sich Verbündete suchen. Dazu bekam sie die Erlaubnis, sich ohne Rücksicht auf Moral und Anstand zu rächen. Zunächst ging sie nur zaghaft darauf ein. Sie stellte sich eine taffe Anwältin vor, die ihrem Mann so viel Unterhalt abknöpfte, dass es ihm richtig wehtat. Aber irgendwie war sie damit nicht zufrieden. Plötzlich brach es aus ihr heraus: »Ich hetze ihm einen Schlägertrupp auf den Hals!« Wollüstig malte sie sich aus, wie eine grausame Bande von Hell's Angels in die neue Wohnung ihres Mannes eindrang, ihn mit Schlagringen krankenhausreif schlug und das Gesicht seiner Freundin dauerhaft entstellte. Bevor sie gingen, zerlegten sie noch das teure Designermobiliar. Mit einem letzten mitleidlosen Blick auf seine Opfer sagte der Anführer: »Übrigens, schöne Grüße von Rebecca!« Danach war Rebecca zwar entsetzt darüber, was offenbar an Hass in ihr geschlummert hatte, aber sie fühlte sich unendlich gut und befriedigt. Ihre Welt war wieder im Lot.

Auf dieser Grundlage war der dritte Schritt möglich, mit Liebe, Mitgefühl und Weisheit auf das reale Ereignis zu schauen. Rebecca spürte deutlich, wie die Wut schwand und ihr Herz weich wurde. Auf einmal empfand sie Verständnis statt Zorn für ihren Mann. »Er hat solche Angst davor, alt zu werden. Mit einer jüngeren Frau glaubt er, jung zu bleiben.« Sie erkannte außerdem: »Er hat sich selbst eingeredet, dass er mich nie geliebt hat – das stimmt einfach nicht. Und er hat mich abgewertet, damit er kein schlechtes Gewissen haben musste, als er mich verließ.« Sie sah auch liebevoll auf sich selbst: »Ich habe daraus gelernt. Heute wäre ich aufmerksamer, ich würde schon die ersten Anzeichen einer Krise ansprechen. Natürlich wäre ich auch in finanzieller Hinsicht nie mehr so blauäugig.« Dabei wollte sie es schon bewenden lassen, aber es gab noch zwei weitere wichtige Schritte im Programm.

Rebecca stellte sich vor, wie sie im Rolls-Royce durch Altona fuhr und hoheitsvoll wie die Queen nach rechts und links grüßte. In ihrer Straße hingen die Nachbarn aus dem Fenster, winkten und schwangen kleine Papierfähnchen. Begeistert riefen sie: »Super, Rebecca, du hast es geschafft!«, »Bravo, Rebecca!«, »Das hast du großartig gemacht, du bist unsere Heldin!« Bei dieser Vorstellung musste Rebecca laut lachen.

Und dann kam noch der Empfang im Rathaus. Der Bürgermeister hielt eine Rede: »Liebe Rebecca, wir sind stolz darauf, dass Sie diese schwierige Krise so großartig bewältigt haben. Es ist eine besondere Leistung, souverän mit der Vergangenheit umzugehen. Im Namen der Kulturbehörde überreiche ich Ihnen deshalb den Erinnerungsfilmpreis.« Lächelnd nahm Rebecca eine Statue entgegen, die dem *Oscar* sehr ähnlich sah. Die würde sie auf die Kommode in ihrer Diele stellen. Unter rauschendem Beifall verließ sie den Rathaussaal.

Nach dem Coaching sagte Rebecca: »Ich hätte nie geglaubt, dass ich jemals so entspannt auf das Gewesene schauen könnte. In mir ist ein friedliches, sanftes Gefühl.«

Lingos Programm ist in Bezug auf einzelne, klar definierbare Ereignisse sehr effektiv. Es kann wie eine Löschtaste auf Ihrem geistigen Bildschirm wirken und Ihnen eine wunderbare Befreiung schenken.

Ändern Sie Ihre Vergangenheit

Möglich, dass Sie jetzt sagen: »Das mag ja eine gute Methode sein, nur bei mir greift die leider nicht. Damit sich die Bremsen in meinem Kopf lösen, müsste man schon meine gesamte Vergangenheit löschen.« Gut, ich nehme die Herausforderung an. Aber zunächst möchte ich Ihnen dazu einen Hintergrund vermitteln.

Vor kurzem hielt ich in Berlin einen Vortrag zum Thema »Wie werde ich glücklich«. Ich fragte das Publikum: »Was glauben Sie, zu wie viel Prozent bestimmt Ihre Vergangenheit Ihre Gegenwart – zu 25, 50 oder 75 Prozent?« Die Hände gingen bei unterschiedlichen Zahlen hoch. Anschließend waren die Zuhörer gespannt, ob sie richtig geschätzt hatten. Meine Auflösung war allerdings etwas anders als erwartet. Ich verriet keineswegs die »richtige« Prozentzahl, sondern sagte: »Je stärker Sie an die Macht der Vergangenheit glauben, desto stärker ist Ihre Tendenz, sich als Opfer zu fühlen und passiv zu bleiben.«

»Tut mir leid – ich kann nicht anders«

Ich will es nicht schönreden, die negativen Einflüsse unserer Vergangenheit sind oft nachhaltig. In meiner Praxis habe ich das schließlich immer wieder erfahren. Manchmal schaffen wir es einfach nicht alleine, die Folgen von Kindheit und Jugend aufzulösen. Dann ist eine Psychotherapie oder ein Coaching durchaus hilfreich. Kritisch ist es nur, wenn wir resigniert die Hände in den Schoß legen und die Vergangenheit als Alibi dafür verwenden, uns nicht zu verändern.

- Meine Eltern haben mir keinen Rückhalt gegeben. Deshalb fehlt es mir an Selbstbewusstsein.
- Mein autoritärer Vater ist schuld, dass ich es nicht schaffe, anderen Grenzen zu setzen oder Nein zu sagen.
- Aus mir konnte nichts werden, ich habe keine gute Ausbildung erhalten.
- Ich hatte ein behindertes Geschwister und habe gelernt, immer für andere da zu sein.
- Ich musste als Teenager auf meine kranke Mutter Rücksicht nehmen, seitdem bin ich zu sehr auf Harmonie bedacht.
- Meine katholische Erziehung steckt mir noch so in den Knochen, dass ich meine sexuellen Wünsche als sündig empfinde.
- Ich stamme aus einfachen Verhältnissen, deshalb fürchte ich, dass ich mich in feinen Kreisen blamiere.
- Bei uns zu Hause gab es nie Besuch. Ich habe keine Ahnung, wie man Freunde gewinnt.
- Meine Eltern haben sich scheiden lassen, als ich zwölf war. Das ist der Grund für meine starken Verlustängste.

Was Entschuldigungen dieser Art für die Erfüllung Ihrer Wünsche bedeuten, können Sie sich leicht ausmalen. Es wirkt sich ähnlich aus, als ob Sie mit verschränkten Armen nach etwas greifen wollen. Dabei sind sogar aus dem Blickwinkel der Sozialpsychologie die Zeiten längst vorbei, in denen man sich darauf berufen konnte: »Tut mir leid, aber ich musste mich so verhalten, ich hatte eine schwere Kindheit.« Inzwischen haben Wissenschaftler in Langzeitstudien herausgefunden, dass negative Erlebnisse in Kindheit und Jugend keineswegs automatisch Schuld daran haben, wie wir als Erwachsene sind. Es kommt einzig und allein darauf an, was wir daraus machen. Um das zu verdeutlichen, passt die folgende Anekdote sehr schön: Zwei Brüder wachsen bei einem gewalttätigen, trunksüchtigen Vater auf. Der erste wird Bankräuber und landet im Knast. Der zweite hilft als Sozialarbeiter benachteiligten Kindern. In einer Talkshow befragt, entschuldigt sich der kriminelle Sohn: »Bei dem schlechten Vorbild musste ich ja so werden.« Der andere erklärt: »Bei dem schlechten Vorbild habe ich mir vorgenommen: So wirst du nie!«

Was bisher in Ihrem Leben passiert ist, ist faktisch vorbei. In diesem Sinne ist Ihre Vergangenheit für immer in einem großen schwarzen Zeitloch verschwunden. Trotzdem ist sie gleichzeitig noch vorhanden: Sie befindet sich in Ihrem Kopf. Genau dort müssen wir ansetzen, wenn Sie sich von den negativen Folgen Ihrer Vergangenheit lösen wollen.

Der finnische Psychiater Ben Furman hat sich damit beschäftigt, wie man die Beeinträchtigungen der Vergangenheit aufheben kann. Von ihm habe ich einen Schlüsselsatz, der hervorragend ausdrückt, worum es geht. Furman selbst hat ihn auf unerwartete Weise entdeckt: Ein Easy-Rider-Typ fuhr auf einem Motorrad an ihm vorbei, Lederjacke, zerzauster Bart und lange Haare unter dem Helm. Das Motorrad hatte vorne eine riesige Windschutzscheibe aus Plexiglas, und darauf war mit großen Buchstaben geschrieben: »Es ist nie zu spät, eine glückliche Kindheit zu haben.« Zunächst fand Furman diesen Satz nur amüsant, doch dann wurde ihm klar, dass sich dahinter eine Weisheit verbirgt.

Die scheinbar paradoxe Behauptung, man könne seine Vergangenheit nachträglich verändern, beruht auf einer Erkenntnis, die schon der griechische Philosoph Epiktet ausgedrückt hat: Nicht wie die Dinge sind, ist entscheidend, sondern wie wir sie sehen. Auch Furman betont: »Wenn wir die Ereignisse unseres Lebens im Nachhinein anschauen, beeinflussen die Gedanken, die wir darüber bilden, unsere aktuellen Gefühle.« Das bedeutet: Wir können die Folgen unserer Vergangenheit verändern, indem wir sie auf andere Weise betrachten. Es ist möglich, negative Erinnerungen in heilsame Geschichten zu verwandeln. Das hat nichts mit Schönreden zu tun, sondern mit einer bewusst gewählten positiven Perspektive.

Ich habe Ihnen eine Methode versprochen, wie Sie die negativen Aspekte Ihrer Vergangenheit löschen können. Hier ist sie nun. Sie beruht darauf, dass Sie Ihre negativen Erlebnisse *umdenken*.

Ihre Vergangenheit ergibt einen Sinn

Seit einigen Jahren hat die Psychologie erkannt, dass starker Stress nicht nur belastend ist, sondern auch bereichernd sein kann. Im Gegensatz zu einer »posttraumatischen Störung« gibt es offenbar auch ein »posttraumatisches Wachstum«. Das kann vor allem dann stattfinden, wenn es uns gelingt, dem Geschehen einen Sinn zu verleihen. Tatsächlich gilt: »Jedes Problem trägt ein Geschenk in der Hand.« Es lässt sich immer etwas Gutes im Schlechten finden.

Ein beeindruckendes Beispiel dafür gibt Gavin de Becker, der Autor des Ratgebers *Mut zur Angst*. Becker wuchs in einer Problemfamilie auf. Seine Mutter war psychisch schwer gestört. Der kleine Gavin und seine jüngere Schwester mussten mehrfach mit ansehen, wie sie den Stiefvater wütend mit einer Pistole bedrohte und ihn einmal sogar schwer verletzte. Die Kinder lebten in ständiger Angst vor der nächsten häuslichen Katastrophe. Viele Nächte klammerten sie sich in ihrem Schlafzimmer aneinander und lauschten ängstlich auf die bedrohlichen Geräusche im Wohnzimmer. Gavin versuchte, die Ausbrüche der Mutter und den drohenden Streit der Eltern möglichst schon vorauszuahnen, damit er sich und seine Schwester rechtzeitig aus der Gefahrenzone bringen konnte.

Was vermuten Sie, wird aus jemandem, der so eine Kindheit erlebt hat? Vielleicht auch ein Fall für die Psychiatrie? Oder ein abgebrühter Killer? In jedem Fall aber einer, der als Erwachsener aufgrund seiner Kindheit mächtig Probleme hat? Ganz falsch. Gavin de Becker ist heute der bekannteste Personenschützer der USA. Zu seinen Kunden zählen Prominente wie die Talkmasterin Oprah Winfrey; er geht im Weißen Haus aus und ein. Er und die Bodyguards in seiner Firma helfen auch weniger prominenten Bürgern, sich und ihr Eigentum zu schützen. Zu seiner beeindruckenden Karriere sagt de Becker: »Als der amerikanische Direktor des FBI mir eine Auszeichnung verlieh für die Entwicklung eines Systems zur Einschätzung von Gewalt, da war es ihm sicher nicht bewusst, dass es in Wirklichkeit von einem zehnjährigen Jungen erfunden worden war. Die Gespenster meiner Kindheit waren zu meinen Lehrmeistern geworden.«

Wenn Sie auf die negativen Zeiten in Ihrem Leben zurückschauen, dann entdecken Sie vielleicht darin ebenfalls einen Gewinn.

- Die schlimmen Zeiten haben Ihnen den Weg zu Ihrer wahren Bestimmung gewiesen. Ohne sie hätten Sie den für Sie geeigneten Beruf gar nicht gefunden.
- Ihr Verständnis für Menschen, die Ähnliches erlebt haben wie Sie, ist gewachsen. Denen können Sie heute etwas geben und fühlen sich dadurch selbst bereichert.
- In der Krise haben sich Ihre bisher verborgenen Fähigkeiten gezeigt. Ohne die Herausforderung hätten Sie nie Ihre Stärke erlebt, nicht gewusst, wie geduldig, tapfer, durchsetzungsstark oder organisatorisch begabt Sie sind.
- Ihre Beziehungen zu anderen Menschen haben eine neue Qualität bekommen. Im Unglück trennt sich die Spreu vom Weizen. Jetzt wissen Sie, wer wirklich zu Ihnen hält – und das ist die Basis für lange und wertvolle Freundschaften.
- Das Unglück hat Ihre Prioritäten verschoben. Sie wissen seitdem, was wirklich zählt. Nicht Karriere, Geld oder Prestige, sondern Zeit füreinander zu haben, Zuneigung und Liebe zu zeigen.

Sehen Sie Ihre Vergangenheit einmal als ein intensives Entwicklungsprogramm. Das Training mag anspruchsvoll und manchmal äußerst hart gewesen sein, aber es werden halt nur die Besten genommen – diejenigen, denen man zutraut, dass sie am Ende daraus etwas machen. In der Abschlussprüfung, die in der Gegenwart stattfindet, werden Sie gefragt: »Was hast du denn aus dem, was du erlebt hast, gelernt?« Wenn Sie darauf eine positive Antwort geben können, haben Sie es geschafft: Sie haben sich von der blockierenden Wirkung belastender Erinnerungen befreit.

Es kann allerdings auch sein, dass Sie sagen: »Ich habe es versucht, aber ich kann einfach nichts Gutes daran finden, dass ich als Kind missbraucht wurde, dass man mich geschlagen und vernachlässigt hat, dass ausgerechnet ich mit diesem körperlichen Defekt zur Welt gekommen bin. Ich bin immer noch voller Wut auf die Menschen, die mir das angetan haben, auf Gott oder auf das Schicksal.«

Ich kann Ihre Gefühle verstehen. Aber bitte bedenken Sie: Auf diese Weise werden Sie niemals frei für die Gegenwart und die Erfüllung Ihrer Wünsche. Deshalb sollten Sie an dieser Stelle nicht aufgeben. Falls Sie sich nicht dazu in der Lage sehen, etwas Gutes aus Ihrer Vergangenheit zu filtern, gibt es für Sie trotzdem einen wirkungsvollen Weg, die Macht der Vergangenheit zu brechen: Vergeben Sie.

Vergeben ist das Großreinemachen der Seele

Wenn ich mich jetzt als Pastorentochter oute, verdächtigen Sie mich vielleicht, ich wollte hier heimlich das Wort zum Sonntag predigen. Keineswegs. Vergeben ist keine sanfte Angelegenheit, bei der man sich schließlich gerührt in den Armen liegt, sondern ein anstrengender, intensiver Prozess. Zuerst wird sich wahrscheinlich alles in Ihnen dagegen sträuben, Menschen zu verzeihen, die Ihnen Schlimmes angetan haben. Dieser Widerstand liegt vor allem daran, dass wir vergeben oft mit *nachträglich gutheißen* gleichsetzen. Dabei handelt es sich jedoch um ein großes Missständnis. Wenn Sie jemandem verzeihen, heißt das nicht, dass Sie seine Handlungen rechtfertigen oder ihm freundlich begegnen müssen. Es bedeutet vielmehr, dass Sie sich von Ihrem Gefühl der Wut und der Rache lösen. Machen Sie sich bitte bewusst: Der einzige Mensch, der darunter leidet, sind Sie. Indem Sie verzeihen, tun Sie nicht dem anderen, sondern sich selbst etwas Gutes. Nelson Mandela, der ehemalige Präsident Südafrikas, bestätigt diese Sichtweise: »Du kannst den Täter durch Nicht-Vergeben nicht treffen, aber dein Vergeben kann dich selbst befreien.« Und Nelson Mandela wusste, wovon er sprach. Wegen seiner politischen Aktivitäten hatte ihn das weiße Apartheidsregime in Pretoria zu lebenslanger Haft verurteilt. Von 1962 bis 1990 saß er im Gefängnis, zunächst auf der Felseninsel Robben Island, danach in Hochsicherheitsgefängnissen. Als der politische und wirtschaftliche Druck auf Südafrika immer mehr zunahm, wurde Mandela schließlich aus der Haft entlassen. Glauben Sie, dass Sie verzeihen könnten, wenn man Ihnen fast dreißig Jahre Ihres Lebens geraubt hätte, von den harten Bedingungen während dieser Zeit einmal ganz abgesehen? Ich würde dafür jedenfalls nicht meine Hand ins Feuer legen. Mandela aber hat es geschafft. Und sein Vergeben war die Voraussetzung dafür, dass sich sein Herzenswunsch erfüllen konnte: den Wandel vom menschenverachtenden Apartheidsregime zu einem demokratischen Rechtsstaat zu erleben, der ohne die Bereitschaft zum Verzeihen nicht möglich gewesen wäre. Der Teufelskreis von Rache und Vergeltung konnte durchbrochen werden. 1993 erhielt Nelson Mandela den Friedensnobelpreis.

So gelingt Vergeben

Nicht immer ist es damit getan, den Vorsatz zu fassen und sich zu sagen: »Es ist gut für mich, zu verzeihen, also versuche ich es jetzt einfach.« Auch Vergeben will gelernt sein. Der amerikanische Psychologe Everett Worthington hat dazu eine Methode entwickelt. Die folgenden Schritte daraus können vielleicht auch für Sie hilfreich sein.

> ● *Überlegen Sie, wo Sie sich selbst einmal falsch verhalten und Verzeihung bekommen haben,* wo Sie etwa jemanden verletzt, vernachlässigt, angegriffen oder verraten haben. Es ist nützlich, sich immer wieder klarzumachen, dass niemand ein Engel ist und dass jeder von uns auf das Verzeihen des anderen angewiesen ist.
>
> ● *Schlüpfen Sie in Ihrer Fantasie in die Rolle des Täters oder der Täterin.* Versuchen Sie aus diesem Blickwinkel, zu verstehen, warum dieser Mensch Ihnen das angetan hat. Denken Sie sich dazu eine plausible Geschichte aus, die er oder sie erzählen könnte. Sie werden staunen, wie viel Ihnen unbewusst über die wahren Motive und Ursachen bereits bekannt ist.

Übung

Ihr Verständnis fördert die Bereitschaft zu verzeihen. Nicht umsonst lautet ein französisches Sprichwort: »Tout comprendre c'est tout pardonner« – Alles verstehen heißt alles verzeihen.

● *Legen Sie sich schriftlich fest.* In Worthingtons Selbsthilfegruppe setzen die Teilnehmerinnen ein »Zertifikat der Vergebung« auf, mit dem Text: »Hiermit verzeihe ich XY, was er (sie) mir angetan hat.« Sie können auch einen Verzeihungsbrief an den Täter aufsetzen. Entscheiden Sie dann selbst, ob Sie ihn abschicken möchten. Was Sie auch wählen, durch die schriftliche Form bekommt Ihre Vergebung eine vertragsartige Verbindlichkeit.

● *Halten Sie an der Vergebung fest, wenn die Erinnerung und die damit verbundenen Gefühle wiederkehren.* Auch in Bezug auf das Vergeben gibt es so etwas wie einen Flashback. Jemand drückt das passende Knöpfchen – und schon fallen Sie zurück in Ihren alten Wut- und Rachezustand. Macht nichts. Hinfallen kann jeder, Hauptsache, Sie stehen sofort wieder auf. Wiederholen Sie vor sich selbst, dass Ihre Vergebung endgültig ist.

Diese Methode des Vergebens wurde in zahlreichen wissenschaftlich anerkannten Studien eingesetzt und anschließend per Messung und Test ausgewertet. So teilte man an der Stanford University 260 Versuchspersonen nach dem Zufallsprinzip in zwei Gruppen auf. Die eine Gruppe nahm an einem Workshop für Vergebung teil, die andere traf sich zum bloßen Erfahrungsaustausch. Das Ergebnis war verblüffend: Die Vergebungsgruppe zeigte deutlich weniger Stress, war viel optimistischer, fühlte sich ausgeglichen und gesünder.

Sagen Sie endlich Ja!

Mehr Ausgeglichenheit, Optimismus und ein besseres Körpergefühl gibt es bei sämtlichen Methoden, die ich Ihnen bis hierher vorgestellt habe, doch das sind nur angenehme Nebenwirkungen. Schließlich wollen wir ja nicht den Sinn der Übungen aus den Auge verlieren: Sie dienen samt und sonders dem Ziel, die Bremsen in Ihrem Kopf zu lösen, damit Ihre Wünsche endlich freie Bahn haben. Erst wenn Sie die aus allen möglichen Zeiten Ihres Lebens stammenden Altlasten los sind, erreichen Sie, was Dr. Joseph Murphy seiner mit Wünschen experimentierenden Leserschaft so dringend ans Herz legt: die Eindeutigkeit in Ihrem inneren Dialog.

Ich hoffe sehr, dass es in Ihnen jetzt so klingt:

- »Darf ich viel Geld verdienen?« – »Oh ja!«

- »Ich wünsche mir einen Partner. Ist das gut für mich?« – »Oh ja!«

- »Ich möchte völlig gesund werden. Ist das möglich?« – »Oh ja!«

- »Kann ich vielleicht sogar berühmt werden?« – »Oh ja!«

- »Habe ich das Recht auf Glück?« – »Oh ja!«

Sobald Sie die innere Zustimmung zu Ihrem Wunsch erreicht haben, sind Sie bereit für den nächsten Schritt: Ihren Wunsch in ein konkretes Ziel zu verwandeln. Vielleicht denken Sie jetzt: »Moment mal, das hat man mir aber anders versprochen. Man sagte mir, ich bräuchte mir meinen Wunsch nur intensiv vorzustellen, dann würde er schon in Erfüllung gehen.« Es tut mir leid, aber da sind Sie einer weit verbreiteten Falschmeldung aufgesessen. Nichts gegen Wunder, aber meist ist es so: Wünsche, die wir nur im Kopf pflegen, sind schön und schillernd wie Seifenblasen, haben aber auch ebenso wenig Substanz. Sie bekommen erst dann eine Chance, real zu werden, wenn wir sie als Ziel formulieren und unser Handeln danach ausrichten. Wie das praktisch geht, werden Sie gleich erfahren.

Setzen Sie Ihre Wünsche in Ziele um

»Ziele setzen« – das klingt vielleicht etwas nüchtern und erinnert an Businessplan. Aber keine Sorge, in Wirklichkeit ist es ein spannendes Abenteuer. Ich verspreche Ihnen, es macht viel mehr Spaß, mit Power seine Wunschziele zu verfolgen, als passiv abzuwarten, dass irgendwann der kosmische Kurier klingelt. Weil Sie schon unterwegs die interessantesten Erlebnisse haben und ganz nebenbei noch einige tolle Geschenke gratis bekommen, wie Selbsterkenntnis, mehr Persönlichkeit und Ausstrahlung, Know-how oder Begegnungen mit besonderen Menschen.

Vom Luftschloss zum soliden Gebäude

Dass es wichtig ist, sich Ziele zu setzen, bestätigt Ihnen fast jeder seriöse Ratgeber. Gerne zitiert man dazu das Beispiel von dem nachlässigen Kapitän, der sein Segelboot ziellos dem Wind überlässt und der deshalb irgendwo landet, im Gegensatz zu dem klugen Steuermann, der strikt nach Kompass fährt und natürlich genau da ankommt, wo er hin will.

Vielleicht liegt es an diesen tradierten Vorstellungen, dass wir unter »Ziele setzen« meist verstehen, wir müssten es mit viel Willenskraft und einem Tunnelblick zügig von A nach B schaffen. Sich strikt auf der Zielgeraden vorwärtszubewegen, hat in vielen Fällen durchaus seine Berechtigung, ist aber nur eine von mehreren Möglichkeiten. Es gibt noch kreativere Methoden, sich ein Ziel zu setzen und es zu verfolgen. Ob nun eine direkte oder eine flexible Form für Sie geeignet ist, hängt ganz von der Art Ihres Wunsches ab. Hier ist schon einmal ein allgemeiner Überblick:

● Ein direkter Weg zum Ziel passt zu Wünschen, deren Erfüllung so gut wie sicher ist, sobald Sie entsprechend handeln.
● Ein flexibler Weg zum Ziel ist für diejenigen Wünsche geeignet, bei denen Sie Ihr Handeln bei jedem Schritt neu überdenken müssen, weil sich auf dem Weg die Bedingungen ändern können.
● Eine Vision gilt für Wünsche, bei denen Sie zunächst keine Ahnung haben, wie Sie da jemals hinkommen.

Schauen wir uns doch diese unterschiedlichen Formen der Zielsetzung einmal im Einzelnen an. Ich bin sicher, Sie werden schnell herausfinden, welche für Ihren Wunsch wie maßgeschneidert ist.

Ihr Wunsch und der direkte Weg zum Ziel

Nehmen wir uns als Erstes die klassische Kapitänsvariante vor: Sie wissen, wohin Sie mit Ihrem Schiff wollen, und Ihnen ist sonnenklar, was Sie dafür tun müssen. Die Strategie »Volle Kraft voraus« ist die erste Wahl für alle Wünsche, die sich auf direkte Art erfüllen lassen. Dazu zählen die meisten Reiseziele, der Erwerb von Zertifikaten wie der Motorrad-Führerschein, die Heilpraktiker-Zulassung oder ein Sprachen-Diplom. Aber auch materielle Dinge, die allgemein verfügbar sind, oder Events, zu denen jeder Zutritt hat, wie Popkonzerte oder Sylvesterfeiern im Grandhotel.

Seit Lilo den Film Jenseits von Afrika *gesehen hat, will sie eine Safari mitmachen. Das ist schon eine Weile her. Es gibt ihr jedes Mal einen Kick, wenn sie Dokumentarfilme über Tiere in Afrika im Fernsehen sieht oder Reiseberichte in der Wochenendausgabe ihrer Zeitung liest. »Da möchte ich gerne hin«, seufzt sie. Schließlich fasst Lilo einen Entschluss. »Ich will nicht mehr nur davon träumen«, erklärt sie ihrer Freundin Gaby. »Ich mache das jetzt.« Im Mai wird sie fünfzig. Zu diesem runden Geburtstag schenkt sie sich selbst eine*

Rundtour durch Namibia inklusive Wildbeobachtung im Etosha-National-
park. Sie rechnet ihre Finanzen durch, sucht sich eine passende Reisegesell-
schaft und bucht eine vierzehntätige Reise.

Lilos Wunsch lässt sich mit wenigen Fragen in ein praktikables Ziel
verwandeln:

● Was möchte ich? Zehn Tage Safari in Namibia.
● Wann möchte ich es? Um den 18. Mai herum.
● Was muss ich dazu tun? Anmeldung bei einem Reiseveranstalter,
  Impfungen, Malariaprophylaxe.
● Was brauche ich dazu? 1 800 Euro.
● Wie bekomme ich das? Ich nehme das Geld von meinem Sparbuch.

Falls es sich bei Ihnen um einen Wunsch handelt, der sich direkt umsetzen lässt, können Sie diese Fragen sicher problemlos beantworten.
Überprüfen Sie das doch gleich einmal.

● Was möchte ich? ....

● Wann möchte ich es? ....

● Was muss ich dazu tun? ....

● Was brauche ich dazu? ....

● Wie bekomme ich das? ....

Um aber gleich einem Missverständnis vorzubeugen: Dass sich Ihr
Wunsch in ein Ziel verwandeln lässt, das Sie auf direktem Weg erreichen können, heißt nicht unbedingt, dass Sie es auch leicht und schnell
umsetzen können. Manchmal zieht sich die Erfüllung über einen längeren Zeitraum hin, etwa wenn Sie ein Diplom erwerben möchten
oder länger auf etwas sparen müssen.

In dem Fall empfiehlt es sich, das Endziel in Zwischenziele zu zerle-
gen. Nach dem Motto: »Wie isst man einen Elefanten?« Antwort:
»Stück für Stück.« (Verzeihung, liebe Artenschützerinnen und Vegeta-
rierinnen, das ist nur bildlich gemeint). Auf dem Weg zum Motorrad-
Führerschein zum Beispiel wäre jede erfolgreich absolvierte Fahr-

stunde eine Etappe. Und wenn Sie das Geld für die teure Digitalkamera zusammenbekommen wollen, ist jede Summe, die Sie eisern Monat für Monat zurücklegen, ein Zwischenziel.

Egal, ob es schnell oder langsam geht – entscheidend ist, dass Sie die Erfüllung Ihres Wunsches mit einem klaren Plan sicher erreichen können. Dazu müssen Sie das Ziel nur eindeutig formulieren, den Weg dorthin genau beschreiben und beides mit einem fixen Datum versehen. Hilfreich ist es außerdem, den Plan schriftlich niederzulegen. So ist er Ihnen präsent und erhält mehr Verbindlichkeit. Dann müssen Sie dieses Programm nur noch umsetzen – und Sie haben Ihr Ziel erreicht.

Ihr Wunsch und der flexible Weg zum Ziel

Vielleicht stellen Sie aber auch fest: So einfach ist das bei mir nicht. Ich weiß zwar, wo ich hin will, aber wie ich zum Ziel komme, lässt sich nicht mit absoluter Sicherheit planen. Zu meinem Wunsch passt kein striktes Programm.

Damit können Sie durchaus Recht haben. Eine präzise Planung bis hin zum Ziel bewährt sich nämlich nur für Wünsche, die völlig Ihrer Kontrolle unterliegen. Für Wünsche, die mit ungewissen Faktoren zusammenhängen, ist es die falsche Strategie. Zu solchen Wünschen zählen zum Beispiel diese:

- Sie wünschen sich eine Familie.
- Sie möchten einen liebevollen Partner.
- Sie möchten endlich wieder gesund werden.
- Sie wollen sich selbstständig machen.
- Sie möchten mehr Geld verdienen.
- Sie wollen Karriere machen.

Wann immer Sie auf die positive Reaktion anderer Menschen angewiesen sind oder die äußeren Bedingungen nicht exakt voraussehen können, empfiehlt sich Folgendes: Planen Sie Schritt für Schritt und passen Sie sich den Gegebenheiten flexibel an.

Mit der Bergsteiger-Technik zum Ziel

Ein gutes Beispiel für so eine dynamische Vorgehensweise ist die Besteigung eines Berges: Der Gipfel steht zwar unverrückbar fest, doch wie man ihn erreicht, kann man nicht exakt vorherbestimmen.

Stellen Sie sich vor, Sie stehen mit kompletter Ausrüstung am Fuße des Großkogels, schauen zur schneebedeckten Spitze hinauf und verkünden entschlossen: »Da oben will ich hin.« Zunächst geht alles gut, Sie kommen zügig voran. Nach einigen Stunden zieht plötzlich ein Unwetter auf. Sie sind kein Weichei, das sich von ein paar Regentropfen abschrecken lässt, aber einen Wetterumschwung im Gebirge soll man nie ignorieren. Sie schlagen also Ihr Biwaklager auf einem Felsvorsprung auf und warten ab. Sobald der Regen nachlässt, klettern Sie weiter. Nach einiger Zeit erreichen Sie ein Schneefeld. Sie haben genügend Erfahrung, um nicht abzustürzen, also wagen Sie den Übergang. Nachdem Sie den Gletscher überquert haben, stehen Sie vor einer senkrechten Felsenwand. Jetzt müssen Sie abwägen, ob Ihre Kräfte noch ausreichen, hinaufzuklettern, ob Sie überhaupt das Risiko eingehen wollen oder ob Sie sich lieber dafür entscheiden, den Rückweg anzutreten und es später auf einer anderen Route zu versuchen.

Falls Sie in einer solchen Situation auf Biegen und Brechen einem vorgefertigten Plan folgen, kann das gefährlich werden. Wenn Sie Glück haben, rettet Sie dann die Bergwacht mit einer dramatischen Aktion; wenn Sie Pech haben, stellt man für Sie im Tal ein schlichtes Holzkreuz auf. Der Bergsteiger und Unternehmensberater Rainer Petek bestätigt in seinem Buch *Mit dem Nordwand-Prinzip das Ungewisse managen* aus eigener Erfahrung: »Ein Extremkletterer, der sich mehr auf die Umsetzung seiner Ziele und Pläne konzentriert als auf eine dynamische Anpassung an die sich ständig ändernden Rahmenbedingungen, kehrt irgendwann nicht mehr zurück.«

Auch wenn Sie keine Bergsteigerin sind, die Technik, mit der Sie Ihr Wunschziel erreichen können, ist dieselbe: Überlegen Sie jeweils von einem sicheren Standort aus, wie Sie den nächsten unsicheren Abschnitt bewältigen wollen. Bleiben Sie auch in der unsicheren Zone aufmerksam, damit Sie schnell reagieren können. Sobald Sie den nächsten festen Halt gefunden haben, ziehen Sie von dort aus auf die gleiche Weise weiter – bis Sie im günstigsten Fall schließlich die Erfüllung Ihres Wunsches erreichen. Schematisch dargestellt könnte das so aussehen:

- *Erster Schritt:* Planen – Handeln – Ergebnis überdenken – gegebenenfalls neu planen.

- *Zweiter Schritt:* Handeln – Ergebnis überdenken – gegebenenfalls neu planen.

- *Dritter Schritt:* Handeln – Ergebnis überdenken – gegebenenfalls neu planen.

Und so fort – bis zum Ziel.

Die dynamische Methode bewährt sich in der Praxis

Viola, 46, hat die dynamische Methode angewandt, um sich ihren Wunsch von einer eigenen Boutique zu erfüllen.

Viola arbeitete jahrelang in einem großen Modegeschäft in der City. Glücklich war sie dort nicht. Die Besitzerin schaute nur auf den aktuellen Umsatz und drängte ihre Verkäuferinnen, den Kundinnen unbedingt etwas zu verkaufen, egal, ob es ihnen stand oder nicht. Viola fühlte sich jedes Mal unwohl, wenn sie säuseln musste: »Das ist wie für Sie gemacht«, obwohl die Kundin in dem Paillettenkleid aussah wie eine Christbaumkugel. Violas Traum war eine eigene Boutique mit edler Mode, in der sie ihre Kundinnen ehrlich beraten könnte.

Mutig tat Viola den ersten Schritt und ging entschlossen auf ihren Herzenswunsch zu. Sie kündigte und löste ihren Bausparvertrag auf. Nun musste sie das geeignete Ladenlokal finden. Sie hatte eines entdeckt, das perfekt geeignet erschien, günstig gelegen war und zu einer akzeptablen Miete angeboten wurde. Im Geiste richtete sich Viola schon ein. Doch dann kam die Enttäuschung: Der Hausbesitzer entschied sich nicht für sie, sondern für einen Masseur, der sich dort mit seiner Praxis niederlassen wollte. Viola war gezwungen, weiterzusuchen. Über ihre Tageszeitung fand sie schließlich einen neuen Laden, aber der war größer und teurer und außerdem waren einige Umbauten fällig. Das konnte Viola nicht mehr ohne Kredit stemmen. Sie überlegte, rechnete – dann beschloss sie, es zu wagen. Leider machte ihr Banker Probleme, der verlangte mehr Sicherheiten. Viola brauchte einen solventen Bürgen. Aber wen? Schließlich fiel ihr Ingo ein. Mit dem hatte sie vor vielen Jahren in einer Wohngemeinschaft gelebt. Ingo spielte damals in einer Punkband und rebellierte gegen sein großbürgerliches Elternhaus. Inzwischen waren die Jugendsünden vergessen, und er hatte die Firma seines Vaters übernommen. Der Kontakt zu Viola war nie abgerissen. Es war ihr zwar unangenehm, aber sie beschloss, Ingo um die Bürgschaft zu bitten. Aus alter Freundschaft und weil er sie als tüchtig und zuverlässig kannte, stimmte er zu. Die Handwerker rückten an. Die Arbeit dauerte länger und wurde teurer, als Viola geplant hatte. Sie war mit den Nerven am Ende. Trotzdem, nach einigen Monaten konnte sie schließlich eröffnen. Zum Einstand gaben sich ehemalige Kolleginnen, Freunde und neugierige Passantinnen, die gerne ein Gläschen Prosecco tranken, die Klinke in die Hand. Dann kam der Alltag – die Kunden tröpfelten nur spärlich, die meiste Zeit stand Viola alleine vor den Regalen mit den Kaschmirpullovern. Mithilfe eines Unternehmensberaters änderte sie ihr Konzept und stellte das Sortiment um. Statt teurer Designerkleidung bietet sie nun schicke preiswerte Mode an. Jede Woche dekoriert sie ihr Schaufenster neu und lockt damit Käuferinnen an, außerdem hat sie eine Espresso-Maschine aufgestellt. Inzwischen ist Violas Geschäft ein beliebter Treffpunkt im Viertel. Ihre Kundinnen kommen auf einen Kaffee vorbei, unterhalten sich, probieren nebenbei neue Kleider an und verlassen den Laden fast immer mit vollen Tüten.

Bloß nicht schlappmachen!

Gewiss ist ein ständiges Neuplanen mühsam und kostet Energie, doch anders geht es meist nicht. Bei Wünschen, die mit Unwägbarkeiten verbunden sind, darf man sich nicht ausruhen, bevor man das Ziel erreicht hat. Wer glaubt, er käme mit dem geradlinigen Muster »Ich plane ein für alle Mal, und das reicht« durch, kann eine böse Enttäuschung erleben.

Vor kurzem zappte ich im Fernsehen in eine dieser Sendungen, in der ein Schuldenberater Menschen hilft, die vor der Pleite stehen. In diesem Fall ging es um einen jungen Mann, der seinem Herzenswunsch bereits ein gutes Stück nähergekommen war: Mit einem Kredit, der auch das Haus seiner Eltern belastete, hatte er auf dem Land eine Diskothek gepachtet. Zusammen mit seiner Frau hatte er sich ausgemalt, wie der Laden brummen würde. Tatsache war jedoch: Auf der Tanzfläche herrschte gähnende Leere, und die Brauereien waren nicht länger gewillt, auf ihr Geld zu warten. Deprimiert saß der Diskothekenbesitzer auf der Wohnzimmercouch, seine Frau rang nervös die Hände, und die Eltern drehten fast durch, weil sie den Verlust ihres Hauses befürchten mussten. Behutsam, aber entschieden sagte der Schuldenberater: »Sie müssen sich jetzt unbedingt etwas einfallen lassen.« Der junge Mann nickte gutwillig – mehr kam aber nicht von ihm. Die zündende Idee steuerte dann der Schuldenberater bei: Durch Kooperation mit einem kleinen regionalen Radiosender gab es kostenlose Werbung für eine große Wochenend-Party, ein paar flotte Gogo-Girls heizten die Stimmung an – und schon war die Disco rappelvoll.

Der junge Mann tat mir zwar leid, aber über seine Einstellung konnte ich nur den Kopf schütteln. Naiv hatte er seinen Wunsch wie ein direktes Ziel behandelt: Ich will die Disco, ich kriege die Disco, ich habe die Disco. Tatsächlich war sein Ziel aber auf die Dauer nur flexibel zu erreichen. Erster Schritt: Ich habe die Disco. Zweiter Schritt: Was muss ich jetzt tun, damit sie gut läuft?

Damit Sie die unsicheren Zwischenschritte zu Ihrem Wunschziel souverän bewältigen können, brauchen Sie vor allem zwei Dinge: gesunde Selbstkritik und Know-how für die bevorstehende Teilstrecke.

Zum Glück müssen Sie damit nicht alleine klarkommen, denn für beides gibt es Unterstützung von außen. Wie Sie die kriegen, dazu möchte ich Ihnen im Folgenden praktische Hinweise geben.

Seien Sie ehrlich – auch sich selbst gegenüber

Es ist durchaus menschlich, dass wir uns selbst etwas vormachen. Im Prinzip ist es auch gar nicht so schlecht, sich ein bisschen schöner, klüger, tüchtiger und intelligenter zu sehen, als man tatsächlich ist. Das fördert das Selbstvertrauen. Aber auf dem Weg zum Ziel empfiehlt sich ein nüchterner Blick auf die eigenen Fähigkeiten.

Als ich noch als Psychologin für die Zeitschrift *Brigitte* tätig war, bekam ich manchmal Manuskripte von Leserinnen, die fest davon überzeugt waren, dass die Schilderung ihrer Eheprobleme oder ihrer persönlichen Schwierigkeiten unbedingt im nächsten Heft abgedruckt werden müsste, selbstverständlich ohne jede Kürzung und Änderung. Über die Fehleinschätzung der schriftstellerischen Fähigkeiten konnte ich oft nur staunen.

Bitte verstehen Sie mich richtig, es ist absolut keine Schande, etwas nicht zu können oder nicht zu wissen. Nur sollte einem das auch bewusst sein. Wenn Sie auf Ihrem Weg zum Ziel längere Zeit stagnieren, schieben Sie es nicht auf die Umstände. Fragen Sie sich zuerst: Liegt es vielleicht an mir?

Sie können Ihr mögliches Defizit mit einer ehrlichen Analyse und ohne fremde Hilfe herausbekommen, indem Sie kurz überlegen:

○ Was muss ich für diese Etappe können?

○ Was muss ich jetzt wissen?

○ Was muss ich noch lernen?

○ Wo bekomme ich die nötigen Informationen?

Checkliste

Kritisch ist es allerdings, wenn man an dieser Stelle einen blinden Fleck hat. Leider ist es für blinde Flecken, wie ja der Name schon sagt, typisch, dass wir eben nicht sehen, dass uns etwas fehlt. Doch wir können es auf indirekte Weise entdecken: Holen Sie sich Rückmeldung aus Ihrer Umgebung. Andere sehen uns oft klarer als wir selbst – vorausgesetzt, sie sind nicht befangen oder haben von der Materie keine Ahnung. Es wäre sicher sinnlos, Ihre in puncto Outfit konservative Mutter zu fragen, ob der Rock zu kurz oder die Korsage zu sexy ist. Dafür ist eher Ihre modebewusste Freundin zuständig. Suchen Sie sich für Ihr Feedback eine vertrauenswürdige, kompetente Person. Schildern Sie Ihr Problem und bitten Sie um eine ehrliche Meinung. Fassen Sie bei vagen Aussagen gezielt nach: »Wie meinst du das genau?«, »Kannst du mir bitte ein Beispiel dafür nennen?«, »Was würdest du mir in diesem Fall raten?«

Sollte es in Ihrem privaten Umfeld niemanden geben, der Ihnen weiterhelfen kann, zögern Sie nicht, fachliche Unterstützung in Anspruch zu nehmen. Gerade für blinde Flecken sind Experten besonders geeignet. Die haben keine Vorurteile Ihnen gegenüber, dafür aber Erfahrung in dem Bereich, um den es Ihnen geht. So habe ich schon mancher Frau raten können, die sich einen Partner wünschte und sich fragte, warum keiner bei ihr blieb, oder warum sie bei Bewerbungen zwar in die engere Wahl kam, ihr dann aber doch eine andere vorgezogen wurde.

Außer einem guten Feedback gibt es noch eine weitere praktische Möglichkeit, zu entdecken, was Ihnen an Know-how fehlt und wie Sie es bekommen können.

Lernen Sie von den Besten

»Benchmarking« nennt man ein in den USA entwickeltes strategisches Instrument zur Wettbewerbsanalyse in Firmen. Man schaut sich beim Marktführer ab, womit er Erfolg hat, und macht es genauso.

Die Folgen davon haben Sie bestimmt schon häufiger gesehen. Zum Beispiel transportierte vor ein paar Jahren eine clevere Geschäftsfrau die Idee der Coffeeshops aus den USA nach Deutschland. Heute können Sie die Coffee-to-go-Läden verschiedener Anbieter kaum noch zählen.

Auf Ihr Wunschziel übertragen bedeutet das: Falls Sie nicht genau wissen, wie Sie starten sollen oder wie Sie die nächste Etappe am besten in den Griff kriegen, suchen Sie sich dazu ein Vorbild. Wer ist auf dem Gebiet besonders erfolgreich? Und wie macht sie oder er das? Auf diese Weise müssen Sie nicht das Rad neu erfinden, sondern bekommen die besten Tipps durch bloßes Beobachten.

Dazu allerdings eine kleine Warnung: So wirksam Benchmarking auch ist, etwas komplett abzukupfern ist selten sinnvoll. Was Sie übernehmen möchten, müssen Sie auf Ihre Person und Ihre Verhältnisse übertragen.

Linda, 29, arbeitet in der Marketingabteilung eines Kosmetikkonzerns. Ihr Wunsch ist es, auf der Karriereleiter höherzusteigen. Sie überlegt, wie sie am besten vorwärtskommt. Ihre Kollegin Caroline ist in diesem Punkt sehr erfolgreich. Wenn es darum geht, eine wichtige Präsentation zu machen, fällt die Wahl der Vorgesetzten meist auf sie. Caroline ist ein extrovertierter Typ. Ihr gelingt es leicht, Kontakte zu knüpfen. Linda hat herausgefunden, dass Carolines Netzwerk einen großen Teil ihres beruflichen Erfolges ausmacht. Die Krux ist nur, dass Linda ein sensibler, zurückhaltender Mensch ist. »Mir liegt das nicht«, sagt sie resigniert. »Wenn ständig einer mit der Kaffeetasse im Büro steht und mit mir quatschen will, dann bin ich genervt. Und nach Feierabend mit den Kollegen in einer Bar abzuhängen, dazu habe ich auch keine Lust. Ich kann eben nicht netzwerken, also kann ich mir das auch nicht abgucken.« Stimmt nicht. Zu Linda passt einfach nur eine andere Art, das sogenannte »Netzwerk der Sympathie«. Sie soll sich diejenigen Kolleginnen aussuchen, die sie wirklich interessant findet und mit denen sie gerne zusammen ist. Um die wird sie sich in Zukunft mehr bemühen – vielleicht geht sie mit ihnen auf einen Kaffee in die Kantine oder lädt sie einmal zum Essen ein. »Ich verstehe«, lächelt Linda, »Klasse statt Masse. Ja, dazu habe ich Lust.«

Ihr Wunsch als Vision

Auf dem direkten oder auf dem flexiblen Weg zum Ziel – einer von beiden kann uns die meisten unserer Wünsche erfüllen. Es gibt aber eine Kategorie von Wünschen, für die alle zwei nicht passen. Wenn die Kluft zwischen Wunsch und Wirklichkeit noch zu groß ist, ahnen wir höchstens, wie wir an unser Ziel kommen könnten, sind aber unsicher, ob wir es überhaupt jemals erreichen. Dazu zählen vor allem Lebensträume und innige Herzenswünsche.

Mit einer großen Familie samt Hund auf dem Land zu leben, kann so ein Wunsch sein. Oder einmal genügend Zeit und Geld zu haben, um sich ganz dem Schreiben eines historischen Romans widmen zu können, in einem Haus am Meer zu wohnen, auf das Titelbild der *Vogue* zu kommen, als Referentin Vorträge in einer Halle zu halten, die viertausend Zuhörer fasst, als Ärztin etwas Bedeutendes gegen das Elend in einem Land der Dritten Welt zu tun, erfolgreich Mode für die Reichen und Schönen zu entwerfen, einen Bio-Bauernhof zu führen, eine private Schule zu gründen, in der Kinder mit Lust lernen, mit einem Mann, den man liebt, im Alter in einem Rosengarten auf einer Bank zu sitzen, einen Mittagstisch für Obdachlose in Großstädten zu organisieren, eine eigene Sendung im Fernsehen zu bekommen.

Wünsche, deren Erfüllung uns weit entfernt erscheint, haben den Charakter von Träumen. Nicht umsonst hat der schwarze Bürgerrechtler Martin Luther King seinen Wunsch nach Gleichberechtigung für Menschen aller Hautfarben in den USA so formuliert: »I have a dream …« Immerhin können wir beschreiben, wie unser Wunschtraum aussieht. Wir müssen nur die Augen schließen, schon läuft ein innerer Film ab. Deshalb spricht man auch oft von einer »Vision«. Das Wort kommt aus dem Lateinischen und heißt so viel wie »geistiges Bild«. Wir verstehen darunter eine starke innere Vorstellung.

Kein Fall für den Psychiater

Auf sehr sachliche Typen wirkt so eine Vision oft suspekt, sie tun sie gern als »Wolkenkuckucksheim«, »Spinnerei« oder »Flausen im Kopf« ab. So soll der ehemalige Bundeskanzler Helmut Schmidt auf die Klage eines Parteifreundes, in der Politik würden Männer mit Visionen fehlen, geknurrt haben: »Wer Visionen hat, der soll zum Arzt gehen.« Hier irrte der sonst so kluge Staatsmann – ganz davon abgesehen, dass er offenbar »Vision« mit »Halluzination« verwechselt hat. Ohne Visionen säßen wir heute noch bei Kerzenschein, würden uns mit der Postkutsche fortbewegen und an der Pest zugrunde gehen. Es sind Visionen, die uns auf den Gebieten der Medizin, Technik, Kunst und Gesellschaft weiterbringen. Offenbar haben die Amerikaner Recht mit ihrem Spruch: »If you can dream it, you can make it.«

Was auf charismatische Politiker, große Künstler, Konzernbosse oder geniale Forscher zutrifft, gilt auch für die Vision Ihres Wunsches. Sie zeigt Ihnen, wohin Sie Ihre Energie richten sollen. Und das, obwohl Ihr Ziel Lichtjahre entfernt zu sein scheint. Die Unternehmensberater Anja Förster und Peter Kreuz sprechen in dem Zusammenhang von einem »Nordstern«: »Mit Nordstern meinen wir den Sinn, den sich jeder Mensch für sein Leben wünscht. Der ihn anleitet. Das Ziel, dass er unbedingt erreichen will.« Mir als Pastorentochter fallen dazu natürlich gleich die Heiligen Drei Könige ein. Sie kennen die Geschichte: Drei Weise sehen im Morgenland einen Stern, der ihnen die Erfüllung ihres Wunschtraumes, die Geburt des Messias, verkündet. Mit dem Stern als Kompass brechen sie auf. Sie sind lange unterwegs, doch schließlich führt sie der Stern ans Ziel.

Wie ein Leitstern gibt Ihnen Ihre Vision die Richtung vor, in die Sie gehen müssen. Das ist besonders hilfreich, wenn Sie nur eine sehr vage Vorstellung davon haben, wie Sie jemals an Ihr Ziel kommen sollen, etwa weil Ihnen die Mittel oder die Voraussetzungen fehlen, die äußeren Bedingungen total ungünstig sind, Sie keinerlei Unterstützung bekommen oder niemanden kennen, der Ihnen weiterhelfen könnte. Gerade für diese Fälle ist ein lebendiges Bild geeignet – es inspiriert, macht frei und offen für günstige Gelegenheiten. Sie sollten sich Ihre Vision allerdings regelmäßig vergegenwärtigen. Schließen Sie so oft wie möglich die Augen und lassen Sie Ihren inneren Film ablaufen. Spüren Sie dabei die Freude und den Stolz, Ihr Ziel erreicht zu haben. Solche positiven Gefühle halten Ihre Vision lebendig und lassen sie als Leitstern hell leuchten.

Vielleicht sagen Sie jetzt: »Danke, den Tipp können Sie sich sparen. Meine Vision habe ich schon lebhaft im Kopf. Mein Problem ist nur: Wie komme ich dahin?« Ganz einfach, fangen Sie noch heute mit irgendetwas an, das in die Richtung Ihrer Vision geht. Das kann ein klitzekleiner Schritt sein oder auch ein größerer, je nachdem, was Ihnen zurzeit möglich ist. Seien Sie anfangs nicht zu anspruchsvoll. Die Hauptsache ist, dass Sie sich im Einklang mit Ihrer Vision befinden. Ob das zutrifft, merken Sie daran, dass sich der Schritt gut und richtig anfühlt.

Eine Vision in der Praxis

Anna, 46, ist Malerin. Sie träumt davon, eines Tages in einem Künstlerhaus zu leben. Ihre Vision beschreibt sie so:»Ich bin Eigentümerin eines großen Hauses. Es steht in einem lebendigen Stadtteil von Hamburg, entweder im Schanzenviertel oder in Ottensen, jedenfalls dort, wo viele Kreative leben. In dem Haus habe ich meine Wohnung und mein Atelier. Außerdem wohnen und arbeiten in dem Haus noch vier oder fünf Künstlerfreunde, mit oder ohne Familie. Wir besuchen uns gegenseitig und inspirieren uns.«

Anna hat sich schon einmal probehalber bei einem Makler erkundigt. Der hat bei ihrer Preisvorstellung nur aus Höflichkeit ein schallendes Gelächter unterdrückt.»Verehrteste, dafür bekommen Sie in Hamburg nicht einmal eine Dreizimmerwohnung! Da müssen Sie schon aufs Dorf ziehen.« Erbost ist Anna abgerauscht, aber ihre Vision gibt sie keineswegs auf. Stattdessen beherzigt sie den Rat, den ersten möglichen Schritt zu machen. Sie beschließt, jeden vierten Samstag im Monat ihr geräumiges Atelier für andere zu einem »Arbeitstag« zu öffnen. Dazu lädt sie Freunde ein, die sich mit Kunst beschäftigen. Zum ersten Treffen erscheinen ein Kunsterzieher, der kein eigenes Atelier hat, und eine ehemalige Bühnenbildnerin, die ein Bild für ihre Wohnung malen möchte. Nach dem Schneeballsystem kommen in der folgenden Zeit immer mehr interessante Leute dazu, sodass Anna schließlich um Anmeldung bitten muss, weil ihr Atelier aus den Nähten zu platzen droht. Die Atmosphäre ist genauso, wie Anna es sich wünscht, jeder arbeitet intensiv an seinem Projekt. Falls einer zwischendurch eine fachliche Frage hat, helfen ihm die anderen mit ihren Kenntnissen. In der Mittagspause sitzen alle an einem langen Tisch, essen gemeinsam und reden über ihre künstlerische Arbeit.

Anna weiß nicht, wann sich ihre Vision von einem großen Haus verwirklichen wird, doch sie hat einen ersten Schritt in die richtige Richtung getan. Und der fühlt sich sehr gut an.

Es ist unnötig, dass Sie jetzt schon wissen, wie Sie Ihre Vision erreichen können. Sie müssen nichts weiter tun, als jeden Tag Ihr Denken, Ihr Verhalten und Ihr Handeln an Ihrer Vision auszurichten. Fragen Sie sich bei allem, was Sie anfangen oder was man Ihnen anbietet: Entspricht das, was ich gerade tun will, meiner Vision?

Wenn das der Fall ist, sollten Sie es auch tun, andernfalls sollten Sie davon Abstand nehmen. Und wenn Sie den Eindruck haben, noch keine Entscheidung fällen zu können, bemühen Sie sich, weitere Informationen einzuholen.

Auf dieser Grundlage treffen Sie jedes Mal eine sichere Wahl. Ihre Vision erleuchtet Ihnen nicht nur den Weg für die großen, wichtigen Schritte, sondern erhellt Ihnen auch die vielen kleinen im Alltag. Und wenn einmal etwas nicht klappt oder nicht so ist, wie Sie es sich vorstellen, dann ändern Sie eben Ihren Kurs und machen an anderer Stelle oder auf andere Art weiter. Hauptsache, Sie verlieren Ihre Vision nicht aus den Augen. Sie werden sehen, dass sie ihre eigene treibende Kraft entwickelt. Unerwartet gehen Türen auf, Sie erhalten wichtige Hinweise, bekommen Chancen, an die Sie vorher niemals gedacht haben. Einer Vision zu folgen heißt, auf dem Weg mit Überraschungen zu rechnen und dafür offen zu sein. Streckenweise können Sie dabei natürlich auch die geradlinige oder die flexible Methode einsetzen, um weiterzukommen. Und eines Tages ist Ihre Vision kein Leitstern mehr – Sie sind endlich angekommen.

Genießen Sie das Abenteuer

Auf welche Weise Sie auch immer Ihr Ziel erreichen möchten, ich möchte Ihnen gern ein aufmunterndes Wort mit auf den Weg geben: Machen Sie sich nichts daraus, dass Sie wahrscheinlich einige Rund-, Rück- und Umwege in Kauf nehmen müssen. Auf jeder Teilstrecke gewinnen Sie Fähigkeiten, die Ihnen später zugutekommen. Erst im Nachhinein werden Sie sehen, dass die Zeit keineswegs überflüssig gewesen ist. In der aktuellen Situation können Sie oft nicht einmal ahnen, dass Sie eines Tages genau diese Fertigkeit brauchen werden. Vielleicht hilft sie Ihnen, mit einer Herausforderung fertig zu werden. Oder sie versetzt Sie in die Lage, eine besondere Aufgabe auf Ihrem Wunschgebiet zu erfüllen. Mir zum Beispiel kommt die intensive Beschäftigung mit Sprache während meines Germanistikstudiums beim Bücherschreiben zu Gute. Einer Freundin von mir konnte sich ihren

Wunschtraum, für eine Weile in Australien zu leben, erfüllen, weil sie eine – seinerzeit von ihr äußerst ungeliebte – Ausbildung im Hotelgewerbe hatte.

Also, nehmen Sie es gelassen und hadern Sie nicht, wenn Ihr Weg nicht direkt zum Ziel führt. Im Gegenteil, genießen Sie den Zuwachs an Wissen und Erfahrung. Mike Dooley, Begründer eines inspirierenden philosophischen Abenteurerclubs im Internet, drückt das so aus: »Du hast deine Wunschträume gewählt um der Reisen willen, die für ihre Verwirklichung erforderlich sind. Und während du eine Herausforderung nach der anderen meisterst, wird die Reise unversehens vollendet sein, und die Freude, dass sich dein Wunschtraum erfüllt hat, wird der Befriedigung weichen, dass du durchgehalten, die Widrigkeiten bezwungen und den Durchbruch geschafft hast. Meinst du nicht auch, dass es genau diese Zeit inmitten deines Abenteuers ist, die dir später am meisten bedeuten wird, wenn deine Träume einmal wahr geworden sind? Genieße sie.«

Entwickeln Sie Ihre Vorstellungskraft

Außer Ihrer mentalen Fähigkeit, sich ein Ziel zu setzen und es über einen längeren Zeitraum im Auge zu behalten, besitzen Sie noch eine besondere Gabe, um es schneller und mit größerer Sicherheit zu erreichen – Ihre Vorstellungskraft. Bezogen auf das Bild vom Kapitän im Segelschiff ist die Vorstellung der Wind, der in die Segel bläst und Ihren Wunschzielen Fahrt gibt. In diesem Sinne: Ahoi, nutzen Sie diese Verstärkung.

Meist setzen wir unsere Vorstellungskraft nur ein, um unseren Alltag zu illustrieren. Wir malen uns etwa die Party am Wochenende aus oder überlegen, was wir heute Abend kochen werden. Oft bebildern wir damit auch unsere Sorgen. Wenn sich unser Liebster von unterwegs noch nicht gemeldet hat, sehen wir ihn schwer verletzt im Krankenhaus. Oder wir erzählen uns, dass wir den Job ganz bestimmt nicht bekommen werden, weil alle anderen Bewerber garantiert viel klüger snd und sich besser darstellen können als wir.

Sei es nun mit positivem oder negativem Inhalt, unsere Vorstellung ist meist nur ein Hilfsmittel, um zu planen, unsere Stimmung zu beeinflussen oder uns gegen drohende Ereignisse zu wappnen. Dabei ist uns selten bewusst, dass wir mit unserer Fantasie ein mächtiges geistiges Instrument besitzen, mit dem wir eigentlich Berge versetzen könnten.

Bevor wir darüber sprechen, wie Sie diese Kraft auf Ihre Wünsche anwenden, möchte ich Ihnen erst einmal ausführlich beweisen, wie ungeheuer stark die menschliche Vorstellungskraft ist. Ich hoffe, dass Sie dadurch besonders motiviert werden, sie für Ihre Träume einzusetzen.

Fantasie kann töten und heilen

Noch im vorigen Jahrhundert war die Wirkung der Vorstellungskraft wesentlich bekannter als heute. Besonders bei Naturvölkern wurde sie genutzt, etwa bei den Indianern, den Aborigines in Australien, aber auch in Tibet und Mexiko, in der Mongolei, der Karibik oder auf Hawaii. Medizinmänner und Schamanen, Heiler und Zauberer erzielten damit eine Wirkung, die den Beteiligten oft wie ein Wunder erschien. Obwohl sie sich bei ihren Ritualen ungern in die Karten schauen ließen, gelang es doch einigen Völkerkundlern, die Vorgänge zu beobachten und den psychologischen Effekt zu entschlüsseln.

Wie zum Beispiel der amerikanische Ethnologe Dr. William Brigham, der um 1900 auf Hawaii forschte. Seine Erfahrung belegt, dass eine starke Vorstellungskraft sogar über Leben und Tod entscheiden kann: Dr. Brigham wollte den Vulkan Mauna Loa besteigen, um seltene Pflanzen zu sammeln. Dazu nahm er einige eingeborene Träger mit. Sie hatten schon fast den Gipfel erreicht, als plötzlich einer von ihnen, ein kräftiger junger Mann, schwer erkrankte. Seine Beine waren völlig gelähmt, er konnte sich kaum bewegen. Kraftlos lag er auf einer Matte. Durch intensives Nachfragen bekam Dr. Brigham schließlich heraus: Der Junge stammte aus einem kleinen Ort an der Küste. Dem alten Kahuna, dem Zauberer des Dorfes, war daran gelegen, dass die Bewohner isoliert blieben und weiterhin nach traditionellen Gesetzen lebten. Deshalb hatte er ein Tabu für den Kontakt mit weißen Männern ausgesprochen. Tabus waren strenge Verbote, die man auf keinen Fall verletzen durfte, sonst drohten Krankheit oder gar der Tod durch rächende Geister. Der Kahuna hatte angedroht, dass jeder, der sich mit Fremden abgäbe, seinem Todesfluch erliegen würde.

Unbesonnen hatte sich der junge Mann für die Expedition von Dr. Brigham gemeldet. Nun war er, ebenso wie die anderen einheimischen Träger, sicher, dass er Opfer dieses Fluches geworden sei. Alle glaubten, der Kahuna habe Geister ausgesandt, um den jungen Mann für seinen Ungehorsam zu bestrafen. Dr. Brigham tat der arme Junge leid. Außerdem fürchtete er, dass er seine Forschungsarbeit abbrechen müsste, falls der Kranke tatsächlich starb. Während er noch darüber nachdachte, wie er das Problem lösen könnte, sprachen ihn die Träger an. Sie waren davon überzeugt, dass Dr. Brigham ebenfalls ein großer Kahuna wäre. Also müsste er doch die Todesdrohung seines Konkurrenten aufheben können. Erwartungsvoll schauten ihn die Männer an. Dr. Brigham wusste, dass er jetzt nicht kneifen durfte, wollte er nicht für immer seine Autorität verlieren. Nach kurzer Überlegung sagte er: »Es stimmt, auch ich bin ein großer Kahuna. Ich werde jetzt die ausgesandten Geister davon überzeugen, dass dieser junge Mann hier nichts Böses getan hat, sondern dass vielmehr derjenige, der den Fluch ausgesprochen hat, ein schlechter Mensch ist.« Dann begann Dr. Brigham mit einer beeindruckenden Zeremonie. Über den Kranken gebeugt beschwor er die Geister mit starken Argumenten. Dabei tobte und schrie er so laut, dass die Zuschauer entsetzt zurückwichen und der junge Mann wie ein erschrecktes Kind wimmerte. Als Brigham schließlich schweißgebadet und erschöpft seine Zauberei beendet hatte, war es zunächst totenstill. Dann flüsterte der junge Mann: »Wawae … maikai« – »Beine … gut.« Kurze Zeit darauf konnte er wieder laufen und war völlig gesund.

Sie meinen, das wären alte Geschichten, die heute keine Gültigkeit mehr haben? Weit gefehlt. Wir haben wenig Grund, den vermeintlichen Aberglauben von Naturvölkern zu belächeln. Schließlich entdecken wir gerade selbst wieder, dass wir allein durch unsere Vorstellungskraft Krankheit oder Gesundheit beeinflussen können. Seit einiger Zeit untersucht man in Medizin und Psychologie die Wirkung von »Placebos«, Arzneien ohne Wirkstoff. Von den Ergebnissen zeigen sich die Wissenschaftler überrascht: Durch pure Einbildung entsteht oft der gleiche Effekt wie durch eine hoch dosierte Medizin oder eine bewährte Behandlung.

Einen Beleg dafür liefert eine umfangreiche Akupunktur-Studie, die von den Krankenkassen in Auftrag gegeben wurde. Darin wurden Patienten gegen chronische Rückenschmerzen behandelt. Die einen bekamen eine echte chinesische Akupunktur, die anderen erhielten eine Scheinakupunktur mit unwirksamen Spezialnadeln. Nach sechs Monaten Behandlung gaben beide Gruppen gleichermaßen an, dass sich ihre Beschwerden deutlich gebessert hätten.

Sogar in der Chirurgie hat man festgestellt, dass bloße Vorstellung heilen kann. Zwar werden Scheinoperationen aus ethischen Gründen weitgehend abgelehnt, doch immerhin sind weltweit schon 22 chirurgische Verfahren mit dem Placebo-Effekt überprüft worden. So etwa für die »Arthroskopie«, einem Verfahren, das häufig bei abgenutzten Kniegelenken angewandt wird. Dabei wird das Gelenk mit Wasser gespült und etwas Knorpelmasse abgetragen. Dr. Bruce Mosely, ein Orthopäde aus Houston, USA, untersuchte die Wirkung der Einbildung an 180 Patienten. Den einen wurde das Knie tatsächlich operiert. Die anderen wurden in einen Dämmerschlaf versetzt, wobei man die Spülgeräusche der OP simulierte, die Haut aber nur anritzte. Das Ergebnis war in beiden Gruppen identisch: Die Patienten berichteten, dass sie nun wieder besser laufen könnten.

Die Vorstellung erzeugt eine echte Wirkung

Bleibt die Frage, wie denn solche erstaunlichen Reaktionen überhaupt entstehen. Wissenschaftlich lässt sich nachweisen, dass die bloße Vorstellung Veränderungen im Körper verursacht. Im positiven Fall werden Endorphine, sogenannte Glückshormone, ausgeschüttet. Sie blockieren den Schmerz und beschleunigen die Heilung. Die Medaille hat allerdings auch eine Kehrseite: Bei starken negativen Fantasien werden Muskeln, Nerven und auf die Dauer sogar Organe geschwächt.

In Seminaren führe ich gerne ein Experiment vor, das belegt, welchen starken Einfluss eine negative Vorstellung auf unseren Körper hat. Dazu bitte ich eine kräftige Frau oder einen starken Mann, einen Arm seitlich so auszustrecken, dass er einen rechten Winkel zum Körper bildet. Dann bemühe ich mich, den Arm herunterzudrücken, während meine Versuchsperson mit aller Kraft dagegenhält. Da ich kein weiblicher Arnold Schwarzenegger bin, habe ich das bisher noch nie geschafft. Nun fordere ich meine(n) Partner(in) auf, etwas Negatives über sich zu denken, während ich gleichzeitig versuche, den Arm herunterzudrücken. Dabei freue ich mich schon auf das Aha-Erlebnis des Publikums: Der Arm lässt sich mühelos herunterklappen.

Dass sich unsere Vorstellung physisch auswirkt, ist auch außerhalb der Medizin angekommen. Psychologen schulen Hochleistungssportler darin, mental zu trainieren. Eiskunstläuferinnen, Hochspringer oder Gewichtheber gehen jeden einzelnen Schritt eines Wettkampfes im Geiste durch. Auf diese Weise gelingen ihnen die Bewegungen im Ernstfall leichter und sicherer. Außerdem lässt sich so das Ergebnis optimieren. Wer sich etwas perfekt vorstellt, steigert damit seine Leistung in der Realität. Auch wenn Sie kein olympisches Gold anstreben, können Sie das gerne einmal mit einer kleinen Übung selbst ausprobieren – vorausgesetzt, Sie haben kein Rückenleiden.

● Stellen Sie sich hin. Beugen Sie sich nun nach vorn, und versuchen Sie, mit den Händen Ihre Fußspitzen zu erreichen. Falls Sie nicht besonders gelenkig oder trainiert sind, sieht es bei Ihnen wahrscheinlich so aus wie bei mir: Ihre Fingerspitzen enden hoffnungslos ein paar Zentimeter über den Füßen. Nichts geht mehr, jedenfalls kaum ohne Muskelzerrung.

● Richten Sie sich jetzt wieder auf, und schließen Sie die Augen. Stellen Sie sich bildlich vor, wie Sie locker mit den Fingern Ihre Fußspitzen erreichen.

● Öffnen Sie die Augen, und versuchen Sie jetzt noch einmal, Ihre Fußspitzen zu berühren.

Übung

Na, wie war es? Ich wette, diesmal haben Sie locker Ihre Zehen erreicht. Es kommt aber noch besser: Man hat herausgefunden, dass die pure Vorstellungskraft Muskeln nicht nur dehnt, sondern sie sogar wachsen lässt. Patienten, die nach einem Unfall mit einem Gipsbein im Krankhaus lagen, stellten sich täglich intensiv vor, sie würden mit diesem Bein gymnastische Übungen machen. Als der Verband entfernt wurde, zeigte sich, dass die Muskelkraft im verletzten Bein kaum geringer war als im gesunden.

Eine körperliche Veränderung ist besonders beweiskräftig, weil man sie messen kann. Doch das ist keineswegs die einzige Reaktion auf unsere Vorstellungskraft. Wir können damit auch eine Wirkung auf geistigem und seelischem Gebiet erzielen, etwa unsere Einstellung ändern oder unsere Fähigkeiten beeinflussen. Hier wirkt sich die Vorstellungskraft ebenso heilsam oder gefährlich aus wie im physischen Bereich. Kürzlich fand ich einen schönen Spruch, der das auf den Punkt bringt:»Gewonnen und verloren wird zwischen den Ohren.«

Dem Erfinder und Industriellen Henry Ford wird der Satz zugeschrieben:»Ob Sie glauben, dass Sie etwas können, oder ob Sie glauben, dass Sie etwas nicht können – Sie haben in jedem Fall Recht.« Durch unsere Vorstellung bestimmen wir, ob wir uns fähig oder unfähig, glücklich oder unglücklich fühlen. Wenn Sie möchten, können Sie das sofort überprüfen.

Übung

- Schließen Sie die Augen, und stellen Sie sich detailliert ein Ereignis aus Ihrer Vergangenheit vor, bei dem man Sie verletzt oder gedemütigt hat. Spüren Sie, wie Sie sich jetzt fühlen.
- Und nun stellen Sie sich bitte ebenso ausführlich ein Erlebnis vor, bei dem Sie so richtig geglänzt haben oder bei dem Sie sehr glücklich waren, etwa im Urlaub. Achten Sie wieder auf Ihre Emotionen.

Gewiss haben Sie den Unterschied deutlich gemerkt. Bei der negativen Vorstellung hat sich Ihre Stimmung wahrscheinlich verschlechtert. Vielleicht haben Sie sogar noch einmal die ursprüngliche Wut oder den Schmerz empfunden. Bei der positiven dürften Sie gute Laune bekommen haben, oder Sie fühlten sich entspannt.

In dem Zusammenhang spricht man von einer Autosuggestion, einer Selbstbeeinflussung. Die kann sich auf vieles beziehen, am bedeutsamsten ist sie jedoch für Ihre Einstellung zu sich selbst. Vielleicht betrachten Sie sich als schön, klug, begabt, liebenswert, charmant oder sportlich. Oder Sie sind davon überzeugt, dass Sie willensschwach sind, zwei linke Hände haben, dass niemand Sie je lieben wird und Ihnen Erfolg nicht zusteht. Ob Ihre Wahrheit nun positiv oder negativ ist, sie trägt früher oder später ihre Früchte in Form einer sich selbst erfüllenden Prophezeiung. So wie Sie sich einschätzen und verhalten, werden Sie über kurz oder lang auch von Ihren Mitmenschen beurteilt und behandelt. Zwar wirkt es oft so, als würden die anderen uns von sich aus akzeptieren oder ablehnen, doch in den meisten Fällen spiegeln sie unser Selbstbild und unser Verhalten wider.

Carina, 34, frisch verliebt, ist verblüfft: »Komisch, bisher musste ich mich auf den Kopf stellen, um die Aufmerksamkeit von Männern zu bekommen. Aber seit ich mit Jens zusammen bin, flirten plötzlich alle mit mir und wollen meine Telefonnummer.« Kein Wunder. Als Carina noch verkrampft auf der Suche war, hat sie potenzielle Partner eher abgeschreckt. Seit sie verliebt ist, erscheint sie locker, strahlt Glück und weibliche Selbstsicherheit aus.

Die Orientalen pflegen ihre Weisheiten gerne in kleine Geschichten zu verpacken. Die folgende zeigt anschaulich, wie eine sich selbst erfüllende Prophezeiung im Umgang mit anderen Menschen funktioniert: Ein Fremder kam an das Tor einer Stadt. Vor dem Eingang saß ein alter Mann. Vorsorglich erkundigte sich der Fremde: »Na, Alter, wie sind denn die Einwohner dieser Stadt? Sind sie freundlich oder abweisend?« Der alte Mann antwortete: »Sage mir erst einmal, wie denn die Menschen dort waren, woher du kommst.« »Oh«, stöhnte der Fremde, »Du kannst dir nicht vorstellen, wie unangenehm sie waren, intrigant, habgierig und bösartig.« »Es tut mit leid«, sagte der Alte, »Aber hier wirst du ebensolche treffen.« Wenig später kam wieder ein Fremder ans Tor und erkundigte sich ebenfalls nach dem Verhalten der Einwohner. Auf die Frage des Alten antwortete er: »Oh, die waren großartig, liebenswürdig, offen und herzlich. Es ist mir richtig schwergefallen, den Ort zu verlassen.« »Nun«, sagte der Alte, »in diesen Mauern wirst du auf ähnliche Menschen treffen.«

Ihre Vorstellungskraft und Ihre Wünsche

Ich hoffe, Sie sind jetzt davon überzeugt, dass die Vorstellungskraft eine große Macht darstellt. Gleichzeitig fragen Sie sich vermutlich, wie Sie sie denn für Ihre Wünsche aktivieren können. Die gute Nachricht: Sie müssen gar nicht erst lernen, sich intensiv etwas vorzustellen. Diese Kunst beherrschen Sie längst, auch wenn sie bei Ihnen möglicherweise etwas in Vergessenheit geraten ist. Bitte erinnern Sie sich: Es gab eine Zeit in Ihrem Leben, in der Sie genau wussten, wie man seine Vorstellung zu 100 Prozent einsetzt. Sie waren damals so zwischen vier und sieben Jahren alt. Ihre Puppen waren lebendige Wesen, die gefüttert, ausgefahren oder angezogen werden wollten. Der abgenutzte Einohrhase, den Ihre Mutter später herzlos entsorgt hat, war Ihr Tröster und Gefährte. Die Playmobilfigürchen waren nicht einfach buntes Plastik, sondern wilde Ritter, die das Burgfräulein retten mussten. Und Ihre Spiele mit den Nachbarskindern waren nur in den Augen der Erwachsenen Spiele, für Sie waren sie Realität. Ich weiß jedenfalls noch, dass ich im Alter von sechs Jahren ein paar Tage wegen einer Gehirnerschütterung im Bett liegen musste. Beim Räuber-und-Gendarm-Spielen hatte mir Manni Kamphausen, der Arm des Gesetzes, mit voller Wucht eine Wasserflasche auf den Kopf geschmettert, damit ich mich als Räuber nicht mit der kostbaren Beute, einer alten Gießkanne, davonmachte.

Fangen Sie einfach damit an, Ihre Vorstellungskraft bewusst zu nutzen. So wie Sie das Radfahren oder Schwimmen nie verlernt haben, wird Sie Ihnen nach den ersten Versuchen bald wieder voll zur Verfügung stehen. Und außerdem erhalten Sie jetzt auch noch eine konkrete Anleitung, was Sie mit Ihrer Fantasie für Ihre Wünsche tun können.

Fühlen Sie es, bevor Sie es haben

Wahrscheinlich denken Sie: »Wenn ich erst einmal viel Geld verdiene, dann werde ich mich reich fühlen.« Oder: »Wenn ich den richtigen Mann finde, dann weiß ich, dass ich liebenswert bin.« Oder: »Wenn ich die Anerkennung bekomme, die ich mir wünsche, dann wird sich bei mir endlich die Gewissheit einstellen, dass ich wertvoll bin.« Diese Einstellung ist sehr verständlich. Natürlich fällt es uns wesentlich leichter, die passenden Gefühle zu entwickeln, wenn uns die Realität dazu animiert. Doch es gibt gute Gründe, warum Sie nicht darauf warten, sondern sich schon vorher mit Ihrer Vorstellungskraft auf die Erfüllung Ihres Wunsches einstimmen sollten: Wenn Sie so leben, als wäre Ihr Wunsch bereits Wirklichkeit, ziehen Sie seine Erfüllung an.

Auch wenn Sie noch nicht erreicht haben, was Sie sich wünschen, können Sie so tun, als hätten Sie es bereits. Norman Vincent Peale, einer der Väter des Positiven Denkens, spricht von einer »schöpferischen Erwartungshaltung«, in die Sie sich versetzen. Frei nach dem amerikanischen Sprichwort »If you can't make it, fake it« senden Sie die entsprechenden Signale schon jetzt an Ihre Umwelt und steigern damit Ihre Chancen, genau das auf Sie zukommen zu lassen, was Sie sich wünschen. Hier kommt das viel beschworene Gesetz der Resonanz ins Spiel: Gleiches zieht Gleiches an. Bibelleser werden auch diesen Spruch kennen: »Wer da hat, dem wird gegeben.«

Angenommen, Sie wünschen sich gute Freunde. Die kriegen Sie kaum, indem Sie warten, dass sich jemand bei Ihnen um die Stelle der besten Freundin bewirbt. Bieten Sie selbst alles, was zu einer guten Beziehung gehört: Großzügigkeit, Toleranz, Vertrauenswürdigkeit, Einladungen, Hilfe in einer Krise. Dann sucht jede(r) mit Vergnügen Ihre Gesellschaft.

Wenn Sie sich nach einem liebenswerten Partner sehnen, dann bekommen Sie den nicht, indem Sie zickig und anspruchsvoll die Kandidaten sortieren, sondern indem Sie warmherzig und aufgeschlossen, charmant und entspannt mit Männern umgehen. Es sollte mich doch sehr wundern, wenn darunter nicht irgendwann der Richtige ist. Man sieht ihn halt nicht immer auf den ersten Blick.

Sie wollen reisen? Etwa mit dem Segelboot durchs Mittelmeer schippern, ein Sabbatjahr in Thailand verbringen, mit dem Rucksack Neuseeland erkunden, mit dem Wohnmobil durch die USA fahren oder ein Häuschen in Südspanien mieten? Okay, noch fehlt Ihnen dazu das Geld und/oder die Zeit. Aber Sie können schon einmal den Segelschein machen oder üben, einen Wohnwagen zu steuern, Ihre Fremdsprachenkenntnisse auffrischen, sich Karten für die Route kaufen, Reiseberichte lesen oder im nächsten Urlaub die Gegend erkunden. Damit sind Sie schon auf einem guten Weg.

Falls Sie von einem kreativen Beruf träumen, fangen Sie in Ihrer Freizeit damit an. Malen Sie, nähen Sie, werden Sie Mitglied einer Laienspielgruppe oder besuchen Sie ein Schreibseminar. Wer weiß, was sich daraus ergibt.

Welche interessanten Wege die Wunscherfüllung nehmen kann, sobald man die ersten Schritte tut, zeigt ein Bericht aus dem Wirtschaftsmagazin *brand eins*.

Die 79-jährige Großmutter von Manfred Schmidt, 35, häkelt mit Leidenschaft. Vieles von dem, was entstand, bekam der Enkel geschenkt. Bald war es mehr Wollenes, als er gebrauchen konnte. Irgendwann bot er Omas Häkelware in einem Internet-Auktionshaus an. Auf das Echo war er nicht gefasst. Die Nachfrage übertraf alles, was er an Vorräten besaß. Also fragte er seine Großmutter, ob sie nicht auf Bestellung arbeiten wollte. Inzwischen kommen Omas Maschen so gut an, dass das Lieferantennetz auf fünfunddreißig Seniorinnen erweitert wurde. Die behäkeln alles, von der Hülle für den MP3-Player bis zum Bierglashalter. Das Geschäft brummt, doch der größte Gewinn ist für alle die kreative Tätigkeit.

Sogar erwünschten Reichtum können Sie gefühlsmäßig vorwegnehmen. Anstatt zu denken: »Ich habe nichts zu verschenken!«, geben Sie dem Bettler vor dem Supermarkt mit einem Lächeln 5 Euro. Damit proben Sie schon mal für Ihre spätere große Spende als Millionärin. Und nein, Sie kaufen jetzt nicht die billige Wurst, sondern den Parmaschinken. Sparen können Sie anderswo, wo es Ihnen nicht so darauf ankommt, vielleicht beim Waschpulver. Wohlgemerkt, dies ist keine Aufforderung, leichtsinnig Schulden zu machen und über Ihre Verhältnisse zu leben. Es geht darum, auch mit bescheidenen Mitteln eine innere Einstellung von Fülle und Großzügigkeit zu kultivieren. Damit ziehen Sie Menschen an, die ähnlich denken und handeln. Man traut Ihnen mehr zu, als wenn Sie auf der »Knappheitsschiene« fahren. Die Lebensberaterin Florence Scovel Shinn erzählt dazu folgende Geschichte: Einer ihrer Bekannten, der nicht viel Geld besaß, musste sich einen Wintermantel kaufen. Die Modelle, die zu seinem Budget gepasst hätten, gefielen ihm nicht. Er fand, sie sähen billig aus. Also entschied er sich, sein ganzes Geld für einen teuren Mantel auszugeben. Wenig später bekam er einen großen Auftrag, mit dem er viel verdiente. Scovel Shinn kommentiert: »Da er sich durch den Mantel reich fühlte, brachte er ihm Erfolg und Reichtum; ohne den Mantel hätte er den Auftrag nie bekommen. Es war also eine Investition, die beachtliche Dividende brachte. Die Gesetze arbeiten immer für diejenigen, die ihr Geld furchtlos, aber mit Bedacht ausgeben.«

Sie wollen Anerkennung, vielleicht gar berühmt sein? Dann schauen Sie doch mal, wie es diejenigen machen, die Sie derzeit noch beneiden. Das meiste davon können Sie durchaus schon jetzt übernehmen: sicheres Auftreten, liebenswürdigen Umgang mit Ihren Mitmenschen (Fans), Statussymbole geschickt einsetzen, im Job gute Kontakte pflegen, sich nach dem richtigen Dresscode kleiden, sich in der Presse bekanntmachen. Vergessen Sie auch nicht: Sie strahlen aus, was Sie von sich denken. Ihre Körpersprache, Ihre Worte und Ihr Äußeres vermitteln anderen, wer Sie sind. Wenn Sie sich also als jemanden sehen, der Respekt und Anerkennung verdient, dann wird man Sie auch entsprechend behandeln – vorausgesetzt, Sie verhalten sich ebenso Ihren Mitmenschen gegenüber.

Dass Sie mit einer Vorleistung die Erfüllung Ihres Wunsches beschleunigen, ist ein wichtiger Effekt. Doch es gibt noch einen weiteren guten Grund, schon in der Gegenwart so zu leben, als wäre der Traum bereits Wirklichkeit: Erst wenn Sie die innere Bereitschaft dazu haben, können Sie die Erfüllung Ihres Wunsches genießen.

Alles Glück dieser Erde nutzt Ihnen wenig, falls Sie es nicht verinnerlichen. Sie müssen es fühlen, sonst prallt es an Ihnen ab wie ein Tennisball vom Schläger. Sie werden dann emotional genau da verharren, wo Sie schon immer waren, obwohl Sie längst besitzen, was Sie sich ersehnen. Zum Beispiel fühlen Sie sich dann trotz der erwünschten Anerkennung von außen weiterhin unattraktiv.

Vor kurzem rief eine besorgte Mutter bei mir an und bat mich, doch einmal mit ihrer 19-jährigen Tochter zu sprechen. Vielleicht würde es mir ja gelingen, ihr mehr Selbstvertrauen zu vermitteln. In meine Praxis kam eine bildschöne junge Frau, die gerade dabei war, als Model eine große Karriere zu machen. Und doch quälten diese junge Frau

Minderwertigkeitsgefühle, die ihr auch die größten Komplimente und das positive Feedback Ihrer Umgebung nicht nehmen konnten.

Oder: Wenn Sie nicht emotional darauf eingestellt sind, werden Sie auch mit einem üppigen Bankkonto in Ihrem Bewusstsein finanziellen Mangel leiden.

Ingvar Kamprad, dem Gründer des Möbelhaus-Giganten Ikea, sagt man nach, dass er ein großer Geizhals ist. So kauft er Brötchen erst am späten Nachmittag, wenn sie nicht mehr ganz frisch sind und der Bäcker sie deshalb zum halben Preis anbietet. Oder Theo Albrecht, einer der beiden Aldi-Gründer: Der verschickt bisweilen Briefe, auf deren Umschlägen die alte vierstellige Postleitzahl seines Wohnortes durchgestrichen ist. Objektiv mögen die Herren Milliarden besitzen, doch subjektiv sind sie arme Schlucker. Sie verstehen es offenbar nicht, ihren Reichtum wirklich zu genießen.

Egal, was Sie sich wünschen – üben Sie schon jetzt, wie es sich anfühlt, es zu haben, und verhalten Sie sich entsprechend. Genießen Sie, was Sie bereits in der Gegenwart davon bekommen können.

Nur noch ein Hinweis, bevor Sie damit beginnen: Rechnen Sie damit, dass sich zunächst Widerstand in Ihnen regen wird. Die innere Stimme, die Sie daran hindern möchte, sich anders zu verhalten als bisher, klingt dann etwa so:

- »Dieser Blumenstrauß muss doch wirklich nicht sein. Wenn du dein Geld so unnütz ausgibst, wirst du nie reich!«
- »Warum solltest du diesen Typen anlächeln? Der kommt für dich doch sowieso nicht infrage. Ich bitte dich – weiße Socken zu Sandalen!«
- »Warte mal lieber ab, bis deine Kollegin dich einlädt. Die findet das aufdringlich, wenn du sie einfach fragst.«
- »Was willst du denn in so einem blöden Malkurs? Da sind doch nur frustrierte Hausfrauen.«
- »Du und attraktiv? Guck dir doch mal deine Oberschenkel an.«

Bieten Sie dieser Stimme Paroli. Sobald sie merkt, dass es Ihnen ernst ist, wird sie verstummen – und erst recht, wenn sich schon wenig später eine positive emotionale Wirkung zeigt. Eine meiner Coaching-Klientinnen, die die Methode »So tun als ob« für ihren Wunsch konsequent ausprobiert hat, sagte nach drei Wochen erstaunt: »Sie werden es nicht glauben, aber ich fühle mich jetzt schon so glücklich, dass ich mich frage, warum sich mein Wunsch überhaupt noch erfüllen soll.«

Setzen Sie Wunschverstärker ein

Ich hoffe, Sie haben Lust bekommen, die Erfüllung Ihres Wunsch so weit wie möglich vorwegzunehmen. Allerdings weiß ich aus eigener Erfahrung, dass es nicht so leicht ist, über längere Zeit konsequent dabeizubleiben. Die Macht der Gewohnheit zieht einen immer wieder in die Komfortzone zurück. Eigene Zweifel, skeptische Bemerkungen von außen und eine scheinbar übermächtige Realität machen wankelmütig.

Zum Glück gibt es bewährte Methoden, die Ihnen helfen, Kurs auf Ihren Wunsch zu halten: Sie können Ihr Ziel mit Worten und Bildern wirkungsvoll verstärken. Diese Arten, sich etwas vorzustellen, entsprechen den Funktionen unserer Gehirnhälften. Sprache, logisches und analytisches Denken werden vorwiegend der linken Hemisphäre zugeordnet, Bilder und räumliches Vorstellungsvermögen schreibt man der rechten zu. Ob Ihre Vorstellung in Worten oder Bildern stärker wirkt, hängt davon ab, welche Gehirnhälfte bei Ihnen aktiver ist. Probieren Sie es einfach aus. Im Folgenden stelle ich Ihnen beide Möglichkeiten vor.

Die Macht der Worte: Affirmationen

Beim Lesen mancher Ratgeber gewinnt man den Eindruck, eine Affirmation sei eine Art Zauberspruch. Wenn man ihn nur intensiv genug aufsagt, wird er sich am Ende erfüllen. Ganz so schlicht funktioniert das denn doch nicht. Sonst würde es ja ausreichen, dass Sie mehrmals täglich murmeln »Ich spreche fließend Spanisch«, um nach kurzer Zeit *Don Quijote* im Original zu lesen. Affirmationen sind keine magischen Beschwörungsformeln. Sie sind genau das, was die Übersetzung des Begriffs besagt. Er stammt von dem lateinischen Verb *affirmare*, bekräftigen, ab. Eine Affirmation ist ein Satz, mit dem wir unser ins Auge gefasstes Wunschziel unterstützen. Sie entbindet uns keineswegs davon, auch danach zu handeln.

Damit die bestärkenden Sätze ihre volle Wirkung entfalten, müssen sie klar und deutlich formuliert werden. Dafür gibt es sinnvolle Regeln. Vielleicht haben Sie sich bereits mit Affirmationen beschäftigt und wissen, dass man Verneinungen wie »nicht« und »kein« vermeiden sollte und weder »Ich will …« noch »Ich werde …« sagen darf, weil das in die Zukunft weist und damit den Wunsch vertagt.

Bleiben Sie locker, diese Regeln müssen Sie jetzt noch nicht beherzigen. Zunächst geht es darum, dass Sie für sich herausfinden, was Sie denn eigentlich wollen oder nicht wollen und was Sie demnächst erreichen möchten. Deshalb dürfen Sie Ihre erste, spontane Affirmation ganz frei formulieren. Sagen Sie zum Beispiel: »Ich will reich werden!« Als ich neulich durch die Autobiografie des amerikanischen Immobilien-Tycoons und Multimillionärs Donald Trump blätterte, hatte ich den Eindruck, dass er sich zum Start seiner Karriere energisch gesagt hat: »Ich will reich werden!«, anstatt sich still zu beschwören: »Ich bin reich, ich bin reich …« Und wenn Sie als Raucher etwas für Ihre Gesundheit tun wollen, dann ist Ihr erster entscheidender Satz wahrscheinlich: »Ab heute rühre ich keine Zigarette mehr an!« Meine Freundin Louise würde jedenfalls ihrem kettenrauchenden Ehemann trotz Negation für diese Affirmation um den Hals fallen.

Mit Ihrer zunächst frei formulierten Affirmation aktivieren Sie Ihre Willenskraft und richten Ihre Vorstellung auf eine Veränderung. Hat sich auf diese Weise Ihre geistige Kompassnadel eingependelt, können Sie an die Feinarbeit der Formulierung gehen.

Drücken Sie Ihren Wunsch positiv aus. »Ich esse keine fetten Hamburger mehr« verwandeln Sie in »Ich ernähre mich gesund«. Und statt

»Ich gebe nicht mehr so viel Geld aus, damit ich mir eine Reise leisten kann« sagen Sie nun »Ich spare regelmäßig für meine Reise«.

Die Entscheidung für eine positive Formulierung ist weniger darin begründet, dass das Universum schwach in Grammatik ist und nicht kapiert, was eine Verneinung bedeutet. Die Wirkung lässt sich vielmehr psychologisch erklären: Wenn »Hamburger« oder »Geld ausgeben« in Ihrem Satz vorkommt, erinnert Sie das bei jeder Wiederholung an Ihre alte Verhaltensweise und weckt die Lust darauf. Durch eine positive Formulierung dagegen richten Sie Ihre Aufmerksamkeit gezielt auf das neue, erwünschte Verhalten.

Formulieren Sie Ihren Wunsch mit starken Worten. Verzichten Sie auf Konjunktive wie »Ich würde …« oder »Ich hätte gern …«, »Ich wäre gern …« – das klingt zu schwach. Benutzen Sie lieber den kräftigen Indikativ, auch Wirklichkeitsform genannt, also »Ich bin …«, »Ich habe …«.

In vielen Fällen ist es sinnvoll, im Präsens zu formulieren. Statt »Ich werde mich gesund ernähren« heißt es dann »Ich ernähre mich gesund«. Das gilt vor allem, wenn Sie schon jetzt so leben wollen, als hätte sich Ihr Wunsch bereits erfüllt. Dann bestärkt Sie »Ich bin anerkannt« mehr als »Ich werde anerkannt sein«.

Machen Sie genaue Angaben. »Ich reise in die Karibik« ist recht vage. Präzisieren Sie: »Ich mache Anfang Juli eine dreiwöchige Kreuzfahrt mit der *Queen Mary* in die Karibik.« Statt »Ich führe ein interessantes Leben« konkretisieren Sie: »Ich nehme mir an jedem Wochenende etwas Besonderes vor, Ausstellungen, Theater, Kino oder Besuch bei Freunden.« Dadurch wird Ihre Vorstellung deutlicher und beeinflusst Ihre Handlungen gezielter.

Sie müssen es sich selbst glauben

Ganz wichtig ist, dass Sie Ihre eigene, individuelle Affirmation finden. Vorformulierte Sätze, wie sie einige Bücher oder Kalender bieten, sind als Anregung gewiss nützlich. Meine Erfahrung ist jedoch, dass eine Affirmation maßgeschneidert sein muss, wenn sie wirken soll.

Helen, 52, Architektin, kam zu mir zur Beratung. Seit einiger Zeit fühlte sie sich ausgelaugt und deprimiert. »Ich weiß, ich sollte eigentlich zufrieden sein. Mein Büro läuft prima, wir haben trotz der allgemeinen Krise gute Aufträge. Aber ich fühle mich erschöpft«, *klagte sie. Ich bat sie, ihre Erschöpfung genauer zu beschreiben. Es stellte sich heraus, dass sie nicht wirklich überarbeitet war, sondern sich wie ein Hamster im Rad fühlte.* »Ich mache den Job nun schon lange. Er langweilt mich einfach.« *Sie sehnte sich danach, einmal sechs Wochen zu reisen und neue Eindrücke zu sammeln.* »Das kann ich mir nicht erlauben«, *meinte sie resigniert.* »Ich kann nur einmal Urlaub machen, und den verbringe ich mit meiner Familie.« *Ich sah die Möglichkeit einer längeren Reise zwar optimistischer als sie, respektierte aber ihre inneren Barrieren. Ein starkes Verantwortungsbewusstsein und die Angst vor finanziellen Einbußen ließen sich nicht von heute auf morgen abbauen. Wenn sich Helen keine größere Auszeit gestattete, dann mussten wir eben über kleine Freiheiten reden. Zusammen erstellten wir eine Liste von Unternehmungen, mit denen sie ihren Alltag beleben könnte.* »Hoffentlich setze ich die auch um«, *sagte sie, zwischen Hoffnung und Zweifel hin- und hergerissen. Ich schlug ihr vor:* »Lassen Sie uns einen ermutigenden Satz suchen, der Ihnen in diesem Punkt den Rücken stärkt. Einen, der Ihnen hilft, sich den täglichen Freiraum zu verschaffen, den Sie sich wünschen, egal, was andere von Ihnen fordern.« *Nach einigem Ausprobieren fanden wir schließlich einen Satz, der das für sie am besten traf:* »Ich bestimme selbst über mein Leben!« *Diese Affirmation sagte sich Helen in den folgenden Wochen immer wieder. Mit dem Effekt, dass sie nun mehr unternimmt, wozu sie Lust hat, und sich damit eine emotionale Auffrischung gönnt.*

Entscheidend bei einer Affirmation ist, dass wir sie uns auch glauben. Helen hätte der Satz »Ich reise sechs Wochen durch Australien« wenig genutzt, weil dieser Gedanke für sie zu weit entfernt lag.

Sobald Sie Ihren Wunsch als Affirmation formuliert haben, horchen Sie in sich hinein. Welche Resonanz hat er in Ihnen? Vielleicht stellen Sie fest, dass der Satz »Ich verdiene eine Million Euro im Jahr«

ein entmutigendes »Das klappt doch nie« auslöst, während eine geringere Summe Sie hoffnungsfroh stimmt. Oder dass die Affirmation »Ich besitze eine Villa im Grünen« auf Sie komplett utopisch wirkt, während »Ich habe eine schöne große Eigentumswohnung« im Bereich des Möglichen erscheint.

Die Schere zwischen der aktuellen Wirklichkeit und dem Wunsch darf für eine Affirmation nur so groß sein, dass Sie die Realisierung in der Zukunft zumindest für möglich halten, auch wenn Sie jetzt noch nicht wissen, auf welche Weise es geschehen wird. Das liegt daran, dass wir mit Worten hauptsächlich unsere logisch-analytische und damit auch für Kritik zuständige linke Gehirnhälfte ansprechen. Ist die Kluft zu groß, bleibt die Affirmation eine leere Formel. In dem Fall ist es besser, mit einer bescheideneren Affirmation erst einmal eine Etappe zu schaffen. Das Endziel müssen Sie deshalb trotzdem nicht aus den Augen verlieren. Sobald Sie Ihr Zwischenziel erreicht haben, formulieren Sie einen neuen passenden Satz.

Ihr Wunsch ist positiv und präzise formuliert und Sie glauben daran, dass er sich erfüllen kann? Sie haben Ihre individuelle Affirmation gefunden? Dann schreiben Sie sie doch als Generalprobe gleich hier auf:

....

....

....

....

....

....

....

....

....

....

Im nächsten Schritt ist entscheidend, dass Sie Ihren Satz immer wieder lesen, denn nur so entfaltet er seine bestärkende Kraft. Mit diesen Tipps gelingt Ihnen das sicher:

Tipps

- Schreiben Sie Ihre Affirmation auf einen kleinen Zettel, den Sie in Ihre Brieftasche stecken. So stoßen Sie bei jedem Einkauf darauf.
- Klemmen Sie sich eine Karteikarte mit Ihrer Affirmation hinter den Badezimmerspiegel oder kleben Sie sie in den Küchenschrank.
- Machen Sie den Satz zum Bildschirmschoner auf Ihrem PC.
- Murmeln Sie ihn beim Joggen.
- Wiederholen Sie ihn wie ein Mantra während einer Ruhepause oder Meditation.

Die Macht der Bilder: Foto-Collagen

Zur Bestärkung unserer Wünsche können wir auch Bilder benutzen. Sie sind meist sogar noch wirkungsvoller als Worte, weil sie schneller ins Unterbewusstsein eindringen und unsere Gefühle ohne den Umweg über Gedanken aktivieren.

Was immer Sie sich wünschen, lässt sich wie ein Schnappschuss festhalten: Sie in Umarmung mit einem attraktiven Mann, Sie fit beim Marathon, Sie an einem neuen Arbeitsplatz, Sie mit Ihrem Baby auf dem Arm, Sie in Rom beim Papstbesuch, Sie inmitten eines großen Freundeskreises, Sie auf der Bühne als gefeierte Sängerin, Sie im Bauernhaus auf dem Land, Sie mit dem Pokal beim Tennisturnier. Sie können natürlich einfach die Augen schließen und sich Ihren Wunsch vorstellen. Doch Sie können Ihre Vorstellung auch sinnlich gestalten, indem Sie mit Schere, Klebstoff und Papier ein Wunschbild erstellen.

Nehmen Sie einen großen Bogen festes Papier, am besten Fotokarton. Schneiden Sie aus Zeitschriften Fotos aus, die Ihren Wunsch optimal illustrieren. Es sollten möglichst solche sein, die bei Ihnen starke Gefühle wecken.

Übung

Wenn Sie zum Beispiel ein Kind möchten, dann sammeln Sie die niedlichsten Babyfotos, etwa aus *Eltern*. Falls Ihr Traum eine Reise ist, suchen Sie die schönsten Fotos in *Geo, National Geographic, Mare* oder aus Reiseberichten von Frauenzeitschriften. Ist Ihr Ziel Gesundheit, schneiden Sie vielleicht Fotos von Menschen aus, die Lebensfreude und Beweglichkeit ausstrahlen. Liegt Ihnen Ihre Karriere am Herzen, könnten Sie Fotos von Events heraussuchen, auf denen erfolgreiche Menschen abgelichtet sind. Kleben Sie die Fotos nach eigenem Geschmack auf das Papier.

Falls Sie nicht nur einen einzigen Herzenswunsch haben, sondern gleich mehrere, empfiehlt sich als Variante der Foto-Collage ein Wunsch-Mandala (Kreisbild):

- Zeichnen Sie auf festem Papier einen großen Kreis von circa 40 Zentimetern Durchmesser.

- Teilen Sie den Kreis wie eine Torte in so viele Stücke ein, wie Sie Wünsche haben. Bei drei Wünschen wären das also drei Teile. Wenn Sie möchten, können Sie jeden Teil noch mit farbigem Tonpapier belegen. Dabei kann die Farbe den jeweiligen Wunsch widerspiegeln, etwa Rot für die Liebe, Grün für Reisen, Lila für Spiritualität.

- Schreiben Sie an den Rand jedes Teils, um welchen Bereich es sich handelt: Liebe, Beruf, Kinder, Wohnen, Reisen, Gesundheit, Aussehen, Freunde, materielle Dinge, spirituelles Wachstum.

- Kleben Sie die entsprechenden Fotos in den jeweiligen Bereich.

Hängen Sie Ihr Bild so auf, dass Sie selbst es jeden Tag anschauen können. Für andere sollte es jedoch lieber unsichtbar bleiben. Wenn Sie nämlich umständlich Erklärungen dazu abgeben oder sich negative Bemerkungen anhören müssen, schwächt das die Wirkung.

Die Macht von Wort und Bild: Tagträume

Sie können sich nicht entscheiden, ob Sie lieber Worte oder Bilder zur Verstärkung benutzen wollen? Kein Problem, es gibt schließlich auch noch eine dritte Möglichkeit: Sie können beides in Ihrem Kopfkino verbinden. Wir alle kennen Tagträume. Achten Sie nur einmal darauf, wie oft Sie in Ihrer Fantasie irgendwo sind, nur nicht da, wo sich Ihr Körper gerade befindet. Diese Fähigkeit setzen Sie nun gezielt für Ihre Wünsche ein. Führen Sie Regie in Ihrem Wunschfilm.

Als Erstes schauen Sie sich das Drehbuch an. Welche Szenen kommen in Ihrem Film vor? Wählen Sie das Szenario so, dass es Sie aufgeregt und glücklich macht. Im Gegensatz zu Affirmationen dürfen Sie im Kopfkino in unbegrenzten Möglichkeiten schwelgen. Ihr innerer Film hat jetzt die gleiche Funktion wie der Leitstern, von dem beim Thema Wunschziele die Rede war. Es handelt sich im wahrsten Sinne des Wortes um Ihre Vision.

Vielleicht drehen Sie eine Szene, wie Sie in Ihrem Haus am Meer sitzen und verträumt über das Wasser schauen. Gerade kommt Ihr kleiner Sohn herein und bringt Ihnen strahlend eine Muschel, Ihr Mann winkt Ihnen liebevoll vom Strand her zu. Oder Ihr Chef, sonst geizig mit Lob, drückt Ihnen die Hand und sagt bewegt: »Das haben Sie großartig gemacht. Ich möchte Ihnen die Teilhaberschaft in unserer Kanzlei anbieten.« Ihre Verlegerin ruft aufgeregt an: »Haben Sie es schon gesehen? Ihr Roman ist die Nummer 1 auf der aktuellen Bestsellerliste.« Oder ganz großes Kino: Sie sehen sich in Stockholm, König Carl Gustaf von Schweden überreicht Ihnen soeben den Nobelpreis für Medizin. Sie haben das ultimative Mittel gegen eine tödliche Krankheit entwickelt.

Ihre Lieblingsfilme sehen Sie sich sicher immer wieder gerne an. Ich weiß nicht, wie oft ich mir schon im Fernsehen *Vom Winde verweht* angeschaut habe, um Weihnachten *Der kleine Lord* und zu Silvester *Dinner for One*. Und an Loriots witzigem Film *Pappa ante Portas* über die Tücken des Rentnerdaseins bleibe ich auch jedes Mal hängen. Häufiges Sehen führt dazu, dass man die Dialoge schon mitsprechen kann und weiß, was in jeder Szene passiert. Genau aus diesem Grund sollten Sie sich auch Ihren selbst inszenierten Wunschfilm häufig anschauen. Eine gute Zeit für Wiederholungen ist morgens früh vor dem Aufstehen und abends vor dem Schlafengehen. Auf diese Weise wird Ihr Film zu einem festen Bestandteil Ihres Unterbewusstseins und kann von dort aus seine Wirkung entfalten.

Besondere Unterstützung: Ihr geistiger Coach

Normalerweise reicht es, dass Sie Worte, Bilder oder Tagträume nutzen, um sich auf dem Weg zur Erfüllung Ihres Wunsches selbst zu bestärken. Trotzdem kann es unterwegs immer mal wieder passieren, dass Sie unsicher werden. In solchen Krisen wünschen Sie sich gewiss Unterstützung. Schön, wenn Ihnen dann Freunde oder Experten zur Seite stehen. Doch das ist leider nicht immer der Fall. Freunde haben manchmal keine Zeit, keine Lust oder keine Ahnung. Vielleicht genieren Sie sich auch, über so intime Dinge wie einen Herzenswunsch mit ihnen zu sprechen. Und Fachleute sind nicht immer leicht zu finden, verweisen auf eine monatelange Warteliste oder nehmen teilweise hohe Honorare.

Was tun? Auch hier kann Ihnen Ihre Vorstellungskraft helfen: Holen Sie sich im Geiste einen Coach. (Die Bezeichnung »Coach« wird für Frauen *und* Männer gebraucht.) Ich gebe zu, dass das zunächst etwas merkwürdig anmutet, wie etwa die Krafttiere der Indianer und Schamanen oder die Anrufung des Hohen Selbst bei den hawaiianischen Kahunas. Aber Sie werden gleich sehen, dass Ihnen die Methode, sich unsichtbare Unterstützung zu holen, gar nicht so fremd ist. Tatsächlich nehmen wir im Alltag häufig im Geiste mit anderen Menschen Kontakt auf und lassen uns von ihnen inspirieren, bestärken oder belehren, ohne dass sie jemals etwas davon erfahren. Bestimmt haben Sie schon innere Dialoge mit Personen geführt, die nicht leibhaftig bei Ihnen waren. Sei es mit Ihrer besten Freundin, die Sie gerade nicht erreichen konnten, oder Ihrem Exmann, dem Sie gerne noch einiges gesagt hätten. Wahrscheinlich haben Sie auch für bestimmte Bereiche lebende oder bereits verstorbene Vorbilder, etwa in puncto

Werte, künstlerische Fähigkeiten oder Stilgefühl, an denen Sie sich in bestimmten Situationen orientieren. Erst kürzlich ist ein Ratgeber mit dem Titel *Was würde Jackie tun?* erschienen, der die Leserin anregt, sich in allen Lebenslagen mental auf Jacqueline Kennedys souveränes Auftreten einzustimmen. Mir hat seinerzeit der Schriftsteller Ernest Hemingway geholfen, meine Doktorarbeit zu schreiben. Nein, nicht als literarisches Vorbild. Als ich an meiner Dissertation saß, war ich manchmal nahe daran, alles hinzuwerfen und auszuwandern. Was mich wieder aufbaute, war der Blick auf ein Poster über meinem Schreibtisch, das mir irgendwann ein Verlag zugeschickt hatte. Es zeigte Hemingway in einem Pariser Hotelzimmer vor seiner Schreibmaschine. Sein Gesichtsausdruck ist so verbissen, als säße er gerade an der sechsten Neufassung von *In einem anderen Land*. Ich fand es tröstlich, dass sich selbst große Schriftsteller quälen mussten – und hielt gestärkt durch.

In diesem Sinne kann Ihnen ein geistiger Coach auch bei Ihren Wünschen helfen.

Stellen Sie fest, was Sie brauchen. Was soll Ihr mentaler Coach denn für Sie leisten? Vielleicht soll er Sie ermutigen, Ihnen Selbstbewusstsein geben, Know-how vermitteln, Sie zum Durchhalten bewegen, Sie loben, Ihnen versichern, dass Sie es schaffen werden, oder Sie konstruktiv kritisieren, eine andere Sichtweise beisteuern, praktische Tipps geben. Wählen Sie ein oder zwei Eigenschaften aus.

Überlegen Sie, wer Ihnen das geben kann. Da es sich um eine geistige Verbindung handelt, spielen weder Zeit noch Realität eine Rolle. Die Person, die Sie zu Ihrem Coach ernennen, kann eine historische Gestalt sein. Es kann jemand aus Ihrer Kindheit sein, etwa Ihre liebevolle verstorbene Großmutter. Auch Protagonisten aus der Literatur sind möglich, wie Ibsens Nora oder Pippi Langstrumpf. Oder Comicfiguren wie Marge Simpson oder Batman, Filmheldinnen und -helden von Marlene Dietrich bis James Bond. Sie dürfen außerdem die besten Experten aus Gegenwart und Vergangenheit bemühen. Wen hätten Sie gerne? Picasso, Coco Chanel, Sigmund Freud, Bill Gates, Angela Merkel, Mutter Teresa, Madonna, Jamie Oliver, den Dalai Lama? Oder Sie nehmen Frauen oder Männer aus Ihrem Bekanntenkreis, die Ihnen imponieren.

Sie haben die freie Auswahl. Einzige Bedingung: Ihr Favorit muss Ihnen das bieten, was Sie sich wünschen. Wenn Sie möchten, können Sie ihn ein bisschen ausstatten. Vielleicht finden Sie Fotos, Bücher oder markante Aussprüche zur Person.

Treffen Sie sich mit Ihrem Coach. Suchen Sie sich einen ruhigen Platz, und sorgen Sie dafür, dass Sie nicht gestört werden. Setzen Sie sich bequem hin, und schließen Sie die Augen. Rufen Sie innerlich Ihren Coach herbei. Sobald er da ist, teilen Sie ihm offen mit, wie Sie sich fühlen. Sagen Sie ihm, was Sie sich von ihm wünschen. Stellen Sie die Fragen, die Ihnen auf den Nägeln brennen. Und dann warten Sie ab, was Sie hören. Sie werden staunen, welche Antworten Sie erhalten. Es ist, als ob sich die Person bei Ihnen im Zimmer befindet. Sie erhalten neue Impulse, unerwartete Gedanken, liebevolle Rückendeckung und manchmal auch direkte Kritik samt Vorschlägen, wie Sie etwas besser machen können.

Eine mir bekannte Drehbuchautorin, die gerne mit dieser Methode arbeitet, hatte den Auftrag für einen TV-Spielfilm. Als Erstes musste sie eine ausführliche Ideenskizze, im Fernsehdeutsch »Treatment« genannt, vorlegen. Sie war unsicher, ob ihr ein guter Plot gelungen war. Also traf sie sich in ihrem Arbeitszimmer mit dem Filmregisseur Steven Spielberg. Der strich sich über den Bart und sagte dann gnadenlos: »Was du da zusammengeschrieben hast, ist tödlich langweilig.« »Was soll ich denn machen?«, jammerte sie. »Führe eine richtig böse Figur ein«, riet er ihr. »Mach deiner Heldin das Leben schwer. Und lass die Story nicht in Deutschland spielen, sondern in einem exotischen Land.« Die Drehbuchautorin bedankte sich und setzte die Tipps vom Profi um.

Also doch Magie? Es ist durchaus wahrscheinlich, dass Raum und Zeit eine Illusion sind und alles mit allem verbunden ist – dass Sie also tatsächlich mit der jeweiligen Person, ob tot oder lebendig, geistig Verbindung aufnehmen können. Ich halte es jedoch für vermessen, mich in diesem Zusammenhang über Quantentheorie zu äußern, ohne genügend von Physik zu verstehen, oder Rupert Sheldrakes morphogenetische Felder zu zitieren, ohne Biologin zu sein. Psychologisch gesehen erweitert diese Fantasie unser Bewusstsein. Sie schließt die Schatzkammer unseres gespeicherten Wissens auf. Was dabei herauskommt, schreiben wir dann unserem imaginären Coach zu.

Und wenn es bei Ihnen nicht funktioniert? Dann liegt Ihnen das eben nicht, Sie suchen sich Ihre Unterstützung wahrscheinlich lieber bei realen Personen.

Sie haben nun alles zur Verfügung, was Sie in Sachen Vorstellungskraft für Ihre Wünsche brauchen. Sie dürfen sicher sein: Welche der beschriebenen Methoden Sie auch wählen, Ihre Wunschziele erhalten dadurch im wahrsten Sinne des Wortes eine fantastische Verstärkung.

Pflegen Sie Ihre Dankbarkeit

Es kommt noch besser: Ihre Vorstellungskraft ist nicht die einzige Möglichkeit, mit der Sie die Erfüllung Ihrer Wünsche unterstützen können. In fast allen Büchern, die sich mit Wünschen befassen, wird auch die Dankbarkeit als Voraussetzung dafür betrachtet, dass Sie Gutes anziehen. So sagt Rhonda Byrne in *The Secret*: »Es ist unmöglich, mehr in Ihr Leben zu bringen, wenn Sie nicht dankbar sind für das, was Sie haben. Warum? Weil die Gedanken und Gefühle, die Sie aussenden, wenn Sie undankbar sind, durchweg negative Emotionen sind. Seien es Eifersucht, Groll, Unzufriedenheit oder das Gefühl, nicht genug zu haben – sie alle können Ihnen nicht bringen, was Sie wollen.« Leider verraten die meisten Wunsch-Ratgeber nicht, wie man dankbar wird. Sie setzen offenbar voraus, dass uns diese Fähigkeit angeboren ist. Aber tatsächlich ist das keineswegs so einfach und selbstverständlich, wie man glaubt. Dabei spüren wir doch oft am eigenen Leibe, wie wenig attraktiv undankbares Verhalten ist.

Petra, eine 30-jährige Journalistin, unterhielt sich auf einer Geburtstagsparty angeregt mit einer Frau. Die erwähnte im Gespräch, dass sie an einem bestimmten Hörbuch sehr interessiert sei. Petra hatte es zufällig doppelt und bot an, es ihr zu schicken. Man tauschte Visitenkarten aus. Gleich am nächsten Tag verpackte Petra die CD, schrieb noch eine nette Karte dazu und brachte das Päckchen zur Post. Seitdem hat sie von der Frau nichts mehr gehört. Kein Dankeschön, keine Nachricht, dass das Hörbuch seine Empfängerin erreicht hat. Sollte das der durchgängige Stil der Frau sein, lässt sich hochrechnen, wie häufig und gerne sie auf die Dauer von anderen etwas bekommen wird.

In der Verhaltenspsychologie weiß man, dass man ein erwünschtes Verhalten erreicht, indem man es verstärkt. Angenommen, Sie möchten, dass Ihr Partner Ihnen mehr im Haushalt hilft, dann sollten Sie ihn jedes Mal loben, sobald er das Geschirr in die Spülmaschine stellt oder seine Barthaare aus dem Waschbecken entfernt. Auf diese Weise erhöhen Sie die Wahrscheinlichkeit, dass er das gerne wiederholt. Meckern Sie dagegen: »Immer lässt du deine Tasse herumstehen« oder »Ich bin doch nicht deine Putzfrau!«, verringern Sie die Chance auf seine Aktivität. Übertragen auf die freundlichen Zuwendungen anderer Menschen bedeutet das: Je mehr Dankbarkeit Sie zeigen, desto lieber wird man Ihnen auch in Zukunft einen Gefallen tun oder eine Freude machen. Reagieren Sie dagegen undankbar, denken sich die Geber: »Von mir kriegt die (der) nichts mehr.«

Miesepeter mag man nicht

Doch Undankbarkeit muss sich nicht nur auf ein konkretes Geben und Nehmen beziehen. Sie kann sich auch als generelle Unzufriedenheit zeigen. Wir ignorieren, was wir an Gutem haben, und schauen gebannt auf das, was uns nicht passt. Diese Art von Undankbarkeit macht uns nicht nur selbst unglücklich, wir werden damit auch für andere Menschen unattraktiv. Wer ist schon gerne mit einem Miesepeter zusammen?

Das bestätigte sich mir erst kürzlich wieder: Ein Nachbar erwischte mich, als ich gerade im Nieselregen mein Fahrrad aufschloss. Soweit ich informiert bin, besitzt der Mann ein florierendes Antiquitätengeschäft und führt ein sorgenfreies Leben. Offenbar konnte er sich aber gar nicht daran erfreuen. Als Erstes beschwerte er sich über das fürchterliche Hamburger Wetter. Dann kam er nahtlos auf die Finanzkrise zu sprechen. Ich fragte, ob er denn auch beim Börsencrash Geld verloren habe. Nein, das zwar nicht, aber die Banker seien alle Gangster, genau wie unsere Politiker. Und dann jammerte er darüber, dass die Handwerker auch immer schlampiger würden. In seinem Geschäft hätten sie die Regale nicht so angebracht, wie er sich das vorgestellt habe. Bevor er noch auf seine labile Gesundheit zu sprechen suchte ich das Weite. Mein höfliches »Einen schönen Tag noch« kam mir wie blanker Hohn vor.

In einem Wirtschaftsmagazin las ich kürzlich die Warnung: »Vorsicht, der Kunde hört Ihr Magenknurren.« Wenn Sie sich für bedürftig halten, dann quillt Ihnen das aus allen Knopflöchern. Sie strahlen Mangel aus und vertreiben damit die Menschen in Ihrer Umgebung. Das kann man ihnen nicht einmal übel nehmen. Wir sind nun mal lieber mit einem Gewinner als mit einem Loser zusammen. Dankbare Menschen haben immer eine Gewinner-Ausstrahlung, unabhängig davon, wie viel sie tatsächlich besitzen. Sie haben bessere Laune, sind zufriedener und glücklicher. Dankbarkeit vermittelt ein subjektives Gefühl von Fülle, das auch von anderen positiv wahrgenommen wird.

Also schalten wir jetzt aus guten Gründen auf Dankbarkeit um? Schön wäre es, wenn das so leicht ginge. Dankbarkeit ist aber nichts, was man mal eben so beschließt, obwohl der Entschluss dazu ein guter Start ist. Dankbarkeit ist eine Grundhaltung, die wir erst erwerben müssen. Meist ist das sogar ziemlich mühsam, denn in unserem genetischen Set ist eher Nörgeln vorgesehen.

Wir sind alle Pessimisten

Von Natur aus sind wir Dankbarkeitsmuffel. Wir nehmen negative Ereignisse in unserem Leben stärker wahr als die positiven. Das lässt sich sogar in neuropsychologischen Experimenten nachweisen: Man zeigte Versuchspersonen nacheinander fröhliche und traurige Bilder und maß dabei ihre Gehirnströme. Dabei stellte man fest, dass die Probanden auf die deprimierenden Bilder wesentlich stärker reagierten als auf die heiteren.

In die gleiche Kategorie fallen auch Versuche, mit denen man festgestellt hat, dass Verluste mehr schmerzen als Gewinne Freude machen. Wer ein Portemonnaie mit 50 Euro verliert, dem bleibt das weitaus länger im Gedächtnis haften als die unverhoffte Rückzahlung der Wasserwerke in gleicher Höhe.

Doch eigentlich brauchen wir zum Beweis, dass Negatives stärker wirkt als Positives, gar keine wissenschaftlichen Experimente. Es reicht, wenn wir morgens die Zeitung aufschlagen. Nach dem bewährten Journalisten-Motto »Bad news are good news« geben schlechte Nachrichten dickere Schlagzeilen als gute und erregen offenbar auch wesentlich mehr Interesse, sonst wären die Zeitungen ja nicht voll davon.

Dass der Schwerpunkt bei uns auf dem Übel liegt, hat seine Ursache in der Evolution: Negative Gefühle wie Angst, Trauer oder Wut sorgten schon bei unseren Vorfahren dafür, dass sie rechtzeitig auf gefährliche Situationen reagierten. Vom Standpunkt des Überlebens aus war das eine durchaus sinnvolle Einrichtung.

Stellen Sie sich vor, Sie sind während der Schöpfung Gottes rechte Hand und erschaffen eine Gans. Würden Sie sie dann auf günstige Gelegenheiten genauso stark reagieren lassen wie auf Bedrohungen? Bestimmt nicht. Wenn sie einen Hinweis darauf verpasst, wo es die leckersten Körner gibt, passiert schließlich nicht viel. Sie wird auch anderswo noch etwas zu fressen finden und nicht gleich verhungern. Aber einen nahenden Fuchs zu übersehen, könnte tödlich enden.

Aus dem gleichen existenziellen Grund gilt auch für uns Menschen: Schlecht wirkt stärker als gut. Reaktionen auf Bedrohungen und Unannehmlichkeiten sind schneller, intensiver und schwerer zu unterdrücken als die Reaktionen auf günstige Gelegenheiten und angenehme Situationen.

Dankbar zu sein heißt nicht, passiv zu sein

Auf Wünsche bezogen führt diese genetische Eigenheit dazu, dass wir unsere Aufmerksamkeit mehr auf die Dinge richten, die wir nicht haben, als auf das Gute, das wir bereits besitzen. »Na und?«, fragen Sie jetzt vielleicht. »Das ist ja auch richtig so. Wenn ich nur auf das schaue, was in meinem Leben prima läuft, entwickle ich mich nicht weiter. Dann fehlt mir der Biss, mein Wunschziel zu erreichen, und ich gebe mich zu schnell zufrieden.«

Dem möchte ich widersprechen. Dankbar zu sein heißt nicht, dass wir uns im Sessel zurücklehnen und unsere Sehnsüchte unterdrücken. Es bedeutet vielmehr, dass wir uns eine solide emotionale Plattform für unsere Wünsche schaffen. Dankbarkeit hilft Ihnen, sich gelassener um das zu bemühen, was Sie haben möchten. Weil Sie wissen, dass Ihr Leben auch ohne die Erfüllung Ihres Wunsches viel Schönes zu bieten hat, sind Sie weniger verkrampft bei der Verfolgung Ihrer Ziele.

Paradoxerweise haben Sie dadurch eine größere Chance, Ihr Wunschziel zu erreichen. Im Sport weiß man längst, dass bei Wettkämpfen die sogenannte »mittlere Motivation« für die Athleten am vorteilhaftesten ist. Zeigen sie zu wenig Ehrgeiz, bleibt der Erfolg verständlicherweise aus. Wünschen sie sich dagegen den Sieg zu stark, wirkt das wie eine Bremse. Bei der letzten Olympiade konnte man das gut verfolgen. Ein eigentlich herausragender Leichtathlet setzte sich so unter Erfolgsdruck, dass er einen gravierenden Patzer machte. Die beste Voraussetzung zu gewinnen, ist eine aufmerksame, aber gleichzeitig entspannte Haltung.

Dankbarkeit vermittelt Ihnen eine solche gelassene Einstellung. Und vor allem: Sie fühlen sich schon glücklich, bevor sich Ihre Wünsche erfüllen – und nicht erst danach!

Dankbarkeit macht glücklich

Robert Emmons, Psychologieprofessor an der University of California, hat zahlreiche Studien durchgeführt, um festzustellen, welche Auswirkungen eine dankbare Geisteshaltung auf das Glücksempfinden hat. So führte eine Gruppe von Versuchspersonen zehn Wochen lang ein Tagebuch, in das sie regelmäßig Erfahrungen aus ihrem Alltag eintrugen, für die sie dankbar waren. Sie listeten etwa Dinge auf wie »die Großzügigkeit von Freunden«, »dass meine Familie gleich um die Ecke wohnt« oder »der wunderbare Sonnenuntergang gestern Abend«.

Eine zweite Gruppe wurde angewiesen, genau das Gegenteil zu tun. Statt sich auf die guten Aspekte des Lebens zu konzentrieren, sollten sie Probleme aufzählen, mit denen sie täglich konfrontiert waren. Das fiel ihnen übrigens erstaunlich leicht. Auf ihrer Mängelliste fanden sich

Punkte wie »Man kriegt so schwer einen Parkplatz« oder »Keiner hat die schmutzige Küche sauber gemacht«.

Der Vergleich war beeindruckend: Die Gruppe mit den Dankbarkeitsprotokollen fühlte sich um volle 25 Prozent glücklicher als die Meckergruppe. Sie sah optimistischer in die Zukunft und war in besserer körperlicher Verfassung.

Besonders interessant ist ein weiteres Experiment, das Emmons zum Thema »Wünsche« durchführte: Er gab einer Gruppe den Auftrag, jeden Tag fünf Dinge zu notieren, die sie nicht hatte, sich aber wünschte. Im Laufe der Zeit erlebte diese Gruppe deutlich weniger Freude als eine Kontrollgruppe, die diese Anweisung nicht bekommen hatte.

Führen Sie ein Dankbarkeitstagebuch

Die Untersuchungen von Emmons geben uns einen praktischen Hinweis, wie wir unsere Dankbarkeit fördern können. Indem wir wie seine Versuchspersonen notieren, wofür wir täglich dankbar sind, können wir uns die guten Dinge bewusster machen.

Vielleicht versuchen Sie es auch einmal mit einem Dankbarkeitstagebuch. Schaffen Sie sich einen Kalender an, bei dem jeweils ein Tag auf einer Seite steht, damit Sie genug Platz für Ihre Notizen haben. Legen Sie die Agenda mit einem Stift griffbereit auf Ihren Nachttisch. Lassen Sie vor dem Schlafengehen den Tag Revue passieren. Bleiben Sie dabei bitte nicht bei den weniger schönen Ereignissen hängen, sondern konzentrieren Sie sich ausschließlich auf die positiven Ereignisse. Die müssen keineswegs spektakulär sein. In Ihrem Kalender könnte etwa stehen: »auf dem Markt einen Strauß Dahlien gekauft« oder »ein Kompliment von meinem Kollegen bekommen«. Nach einer Weile wird Ihnen das so zur Routine, dass Sie sogar auf schriftliche Notizen verzichten können. Dann reicht es, sich kurz vor dem Einschlafen mit geschlossenen Augen an all das Gute, das Ihnen widerfahren ist, zu erinnern.

Ich habe das über einige Monate ausprobiert. Jeden Abend trug ich in einen Taschenkalender in Stichworten die großen und kleinen erfreulichen Dinge ein. Was mich dabei immer wieder verblüffte: Wenn mir tagsüber etwas Gutes passierte, nahm ich das in dem Moment zwar durchaus wahr, aber schon bald verflüchtigte sich das positive Gefühl und war mir nicht mehr präsent. Erst als ich mich beim Aufschreiben am Abend wieder daran erinnerte, wurde mir bewusst, wie viel Schönes mir tatsächlich begegnet war. Hätten Sie mich ohne diese Rückbesinnung gefragt: »Na, wie war denn Ihr Tag?«, dann hätte ich bestimmt geantwortet: »Ganz normal, halt der übliche Stress.«

Bestimmt werden Sie, genau wie ich, merken, wie durch diese Übung Ihre Wahrnehmung des Guten wächst und sich Ihr Glücksgefühl steigert. Sie können aber noch weitaus mehr tun, um Ihr Dankbarkeitslevel zu erhöhen: Machen Sie Dankbarkeit zu Ihrer Lebensphilosophie. Das verstärkt Ihr Glück und Ihre Anziehungskraft noch weitaus mehr. Allerdings ist es auch entsprechend aufwändig.

Dankbarkeit ist die schönste Form der Selbsterkenntnis

In den vierziger Jahren entwickelte der Japaner Ishin Yoshimoto eine Methode, wie man zu mehr Dankbarkeit gelangen kann: »Naikan«. Übersetzt bedeutet das: »Sich selbst mit dem geistigen Auge betrachten.« Yoshimoto meinte, dass wir durch eine intensive Prüfung unseres Lebens eine tiefe Dankbarkeit für das entwickeln, was wir erhalten.

Tatsächlich können Sie durch gründliche Selbsterfahrung entdecken, welche Schätze Sie schon in Ihrem Leben besitzen – und zwar nicht nur materielle, sondern auch geistige. Dazu müssen Sie nicht einmal zu einem Naikan-Retreat nach Japan reisen. Nehmen Sie sich einfach hier die Zeit, die einzelnen Bereiche Ihres Lebens unter dem Aspekt zu betrachten: Wofür kann ich dankbar sein?

Dankbar für Menschen

Wir leben nicht wie Robinson Crusoe auf einer einsamen Insel, sondern sind mit anderen Menschen verbunden. Selbst wenn Sie gerade allein in Ihrem Appartement sitzen, umgeben Sie Hunderte Dinge, die für Sie gemacht wurden, vom Küchentisch bis zur Pizza auf Ihrem Teller. Sie müssen sich nicht extra bei den Herstellern bedanken, aber sich das gelegentlich klarzumachen, ist durchaus nützlich.

Noch näher sind Ihnen die Menschen, mit denen Sie direkt Kontakt hatten oder noch haben. Vielleicht gönnen Sie sich an einem Wochenende mal eine Stunde dafür, sich an alle diejenigen zu erinnern, die Ihnen von Kindheit an bis heute zur Seite gestanden haben, die Sie unterstützt und gefördert haben. Das reicht etwa von der netten Erzieherin im Kindergarten bis hin zu dem freundlichen Berufsschullehrer während Ihrer Ausbildung.

Ich kann Ihnen versichern, dass sich dabei ein dankbares Gefühl in Ihrem Herzen einstellen wird, sogar dann, wenn Sie vorher noch geglaubt haben: »Das kann ich mir schenken. Die Personen, die mich unterstützt haben, lassen sich an einer Hand abzählen.« Sobald Sie sorgfältiger hinschauen, werden gewiss noch viel mehr auftauchen, als Ihnen jetzt bewusst sind.

Katja, eine 42-jährige Illustratorin, ist davon überzeugt, dass in ihrer schweren Kindheit und Jugend höchstens zwei, drei Personen eine positive Rolle spielten. Doch als sie die Augen schließt und im Geiste zurück in frühere Zeiten geht, taucht als Erstes ein zehnjähriger Nachbarsjunge auf, der die kleine Katja immer verteidigt hatte, wenn die anderen Kinder sie hänselten. Ihr fällt auch ein netter Zahnarzt ein, der sich mit ihrem Teddy, den Katja zur Verstärkung mitgenommen hatte, unterhalten hatte. Sie hört seine Stimme: »Hallo Teddy, sag deiner Freundin Katja, dass sie bei mir keine Angst zu haben braucht.« In Katjas Erinnerung tauchen immer mehr Menschen auf, für die sie dankbar sein kann. »Das hätte ich nicht gedacht«, sagt sie erstaunt, als sie die Augen wieder öffnet.

Sie haben nicht so viel Zeit oder Lust, sich bis in Ihre Kindheit zurückzuversetzen? Dann bringt es auch schon etwas, wenn Sie sich die letzten fünf Jahre vornehmen. Für Eilige habe ich sogar ein Schnellverfahren vorbereitet. Füllen Sie einfach die folgenden Lücken aus. Sie dürfen dabei gerne mehrere Namen aufführen.

- Ohne .... hätte ich
es nie dahin geschafft, wo ich heute bin.

Übung

- Ich verdanke .... sehr viel.

- .... unterstützt mich sehr.

- Auf .... kann ich mich immer verlassen.

- Mein beste Lehrerin (Mentorin, Coach) ist ....

- Mein bester Lehrer (Mentor, Coach) ist ....

- Mein Vorbild ist ....

- Ich werde von .... geliebt.

Horchen Sie doch jetzt einmal in sich hinein, wie es Ihnen geht. Es würde mich nicht wundern, wenn Sie den Impuls verspüren, sich bei der einen oder anderen Person zu bedanken. Tun Sie das ruhig. Wir sagen anderen meist viel zu wenig, wie froh wir sind, dass es sie gibt.

Dankbar für Dinge

In einem Ratgeber zum Thema Reichtum fand ich die Aufforderung, man solle durch die eigene Wohnung gehen und zusammenrechnen, wie viele Werte sich bereits darin befinden. Sie fangen also beispielsweise im Wohnzimmer an und überschlagen im Kopf, was Ihr Teppich, die Polstergarnitur, die Bilder an der Wand, der Fernseher und die übrige Ausstattung gekostet haben. In der Küche rechnen Sie dann den Preis für die Küchengeräte, das Geschirr und das Mobiliar zusammen. Auf diese Weise gehen Sie alle Zimmer durch.

Am Ende stellen Sie fest, dass Sie wesentlich wohlhabender sind, als Sie gedacht haben. Und das gilt auch, wenn Ihre Räume nicht mit Antiquitäten oder Designerteilen bestückt sind. Ziel der Übung ist, dass Sie sich bewusst machen, welcher Reichtum Sie bereits umgibt.

Ich möchte Sie mit einem anderen Schwerpunkt durch Ihre Wohnung schicken: Machen Sie den Rundgang einmal unter dem Gesichtspunkt, für welche Dinge Sie dankbar sein können. Etwa für Ihr bequemes Bett, Ihren Computer, Ihr Telefon, das schöne Sofa. Oder die Espressomaschine, die Warmhaltekanne, die scharfen Küchenmesser. Sie dürfen auch gerne Ihren Radius erweitern und Ihr Auto in der Garage dazuzählen. Und wo Sie schon mal dabei sind, können Sie auch noch Lokalitäten in Ihren Dankbarkeitsrundgang einbeziehen: den Park, in dem Sie joggen, das Fitness-Studio, das Schwimmbad in der Nähe, die Volkshochschule, in der Sie Spanisch lernen. Es lohnt sich durchaus, einmal die Dinge und Orte mit Wertschätzung zu betrachten, die uns täglich zur Verfügung stehen. Meist registrieren wir sie erst, wenn sie nicht mehr funktionieren oder wenn wir vor verschlossener Türe stehen.

Dankbar für Erfolge

In den USA werden Leute wie der Immobilien-Tycoon Donald Trump mit ihrem protzigen Gehabe offen bewundert. In unserem Kulturkreis sieht das anders aus. Hier ist es eher üblich, die eigene Leistung zu ignorieren oder für selbstverständlich zu halten. Ein Grund liegt darin, dass bei uns Bescheidenheit als Tugend gilt. Da kommt es gar nicht gut an, wenn man sich herausstellt. Besonders wir Frauen neigen dazu, tiefzustapeln, weil wir uns lieber auf unsere Aufgabe konzentrieren, statt einen großen Wirbel um unsere Person zu machen.

Das führt dazu, dass wir unsere Verdienste nicht nur vor unserer Umgebung herunterspielen, sondern auch vor uns selbst, nach dem Motto: »Ach, das war doch nichts Besonderes. Andere tun (schaffen, erreichen, leisten, ertragen) doch noch viel mehr.« Schade, denn so geht uns viel Selbstbewusstsein verloren, das wir zur Erfüllung unserer Wünsche gut gebrauchen können. Deshalb ist es wichtig, dass Sie sich auch bei sich selbst für Ihren großartigen Einsatz bedanken. Allerdings ist es wahrscheinlich, dass Sie sich dazu Ihre Leistung erst einmal vergegenwärtigen müssen.

Was ich als Psychotherapeutin an beruflicher Erfahrung gesammelt habe, wurde mir erst richtig deutlich, als ich dazu eine Pflichtübung machen musste. Vor einigen Jahren verabschiedete die Bundesregierung ein neues Psychotherapeutengesetz, nach dem Psychologen genau wie Ärzte eine Approbation erhalten konnten. Die Auflagen dazu waren umfangreich. Man musste unter anderem 4000 Therapiesitzungen nachweisen. Ich holte also meine Karteikarten hervor, auf denen ich mir über Jahre Notizen zu den einzelnen Therapiesitzungen gemacht hatte – und las mich fest. Vor meinem inneren Auge tauchten Klienten auf, mit denen ich intensiv zusammengearbeitet hatte. Bei vielen erinnerte ich mich, wie deprimiert und unsicher sie gekommen waren und wie stolz ich auf sie war, als sie es geschafft hatten, sich anders zu sehen und zu verhalten. Es war ihr Erfolg, aber ich sah auch meinen Anteil daran. Beim Lesen wurde mir bewusst, wie sehr ich mich engagiert hatte und wie meine Erfahrung dabei gewachsen war.

Schreiben Sie Ihre eigene Dankbarkeitsliste

Sie haben wahrscheinlich eine Tätigkeit, sei es beruflich oder privat, in der nicht von Ihnen verlangt wird, dass Sie über Ihre Arbeitsstunden schriftlich Rechenschaft ablegen. Deshalb schlage ich Ihnen vor, das einmal freiwillig zu tun und sich richtig Zeit für eine Erfolgsliste zu nehmen.

Schreiben Sie mit Stichworten alles auf, was Sie in Ihrem Leben schon bewältigt haben. Ganz wichtig: Sie müssen das nicht perfekt oder mit Bravour geschafft haben. Lobenswert ist es, dass Sie es überhaupt hingekriegt haben. So in etwa könnten die Stichworte aussehen:

- im Mathe-Unterricht gute Noten bekommen
- ein Jahr als Au-Pair in England
- den Führerschein gemacht
- ein Kind zur Welt gebracht
- ehrenamtlich die Jugendmannschaft im Volleyball trainiert
- wieder in den Beruf eingestiegen

- neue Ideen für die Abteilung umgesetzt
- mich selbstständig gemacht
- meine kranke Mutter gepflegt
- jeden Monat die Rate für die Eigentumswohnung bezahlt

Auf eine solche Liste gehören auch Ihre Fortschritte. Wir sehen meist nur, wo wir versagt haben, was wir nicht erreicht haben, wo wir einen Rückfall erlitten haben. Ihre Selbstkritik in allen Ehren, aber wie wäre es, wenn Sie sich einmal dafür auf die Schulter klopfen würden, dass Sie sich auf einem bestimmten Gebiet bemüht haben, auch wenn es nur langsam vorangeht und Sie Ihr Ziel noch nicht erreichen konnten? Einige Beispiele:

- sich gesund ernähren
- öfter Nein sagen
- Englisch lernen
- nicht mehr so schnell wütend werden
- regelmäßig Pausen bei der Arbeit machen
- aufmerksamer dem Partner gegenüber sein
- in der Kindererziehung konsequenter sein

Halten Sie sich Ihre wichtigsten Ziele vor Augen und überlegen Sie, was Sie dafür schon aufgebracht haben.

- Geduld
- Beharrlichkeit
- Zeit
- Mut
- Konsequenz
- Disziplin
- Fleiß

Am Anfang gestaltet sich das Schreiben der Liste meist ziemlich zäh. Wir sind es schließlich nicht gewohnt, die eigenen Erfolge aufzuzählen. Hätte ich Sie dagegen gebeten, alle Ihre Schwächen zu notieren, wäre Ihnen das sicher ganz leicht von der Hand gegangen. Geben Sie trotzdem nicht auf. Denken Sie ruhig ein bisschen länger nach. Ich bin sicher, am Ende werden Sie staunen, wie viele Seiten es doch geworden sind.

Sie sind damit fertig? Dann machen Sie eine kleine persönliche Jubiläumsfeier für X Jahre hervorragender Leistung. Schenken Sie sich ein Glas Sekt ein und lesen Sie sich Ihre Aufzeichnungen genüsslich durch. Sie werden garantiert beeindruckt sein. Bewahren Sie die Blätter danach gut auf, damit Sie sich nach Bedarf immer wieder Ihr zusätzliches Quantum Hochachtung vor sich selbst holen können.

Vielen Dank für alles!

In einem TV-Comic soll der halbwüchsige Sohn der Familie am Mittagstisch ein Tischgebet sprechen. Rotzig sagt er: »Lieber Gott, mein Vater hat das Geld für die Lebensmittel verdient, meine Mutter hat das Essen gekocht – vielen Dank für gar nichts. Amen.«

Ich möchte im Gegenteil sagen: »Vielen Dank für alles.« Nachdem wir einige wichtige Lebensbereiche durchgegangen sind, bleibt noch so vieles übrig, für das wir dankbar sein können, dass es sich hier gar nicht aufzählen lässt. Ein paar Beispiele möchte ich Ihnen dennoch geben: dass sauberes Wasser aus der Leitung fließt, dass wir in Frieden leben, dass bei uns Meinungsfreiheit herrscht, dass wir ein Dach über dem Kopf und genug zu essen haben. Hinzu kommen noch persönliche Gegebenheiten, die nicht für jeden selbstverständlich sind, etwa dass wir uns bewegen können, Arbeit haben, dass unsere Eltern noch leben, dass unser Kind gesund ist. Im Sinne des Naikan dürfen Sie hier gerne weitermachen und so viel Dankbarkeit in Ihr Leben packen, wie Sie möchten.

Ändern Sie Ihren Blickwinkel

Meist ist es gar nicht das große Unglück, dass uns daran hindert, dankbar zu sein, sondern vielmehr die kleinen alltäglichen Widrigkeiten. Sobald wir unter Zahnschmerzen leiden, im Regen auf den verspäteten Bus warten oder Steuern nachzahlen müssen, ist Dankbarkeit sicher nicht das, was uns in den Sinn kommt. Wir sind frustriert, unzufrieden, wütend oder deprimiert.

Das ist sehr verständlich. Sie dürfen mir glauben, ich stehe auch nicht ständig dankbar an der Bushaltestelle und freue mich, dass ich im Regen warten darf. Und das gilt schon gar nicht für Situationen mit wirklich unangenehmen Konsequenzen, zum Beispiel wenn Sie im Wintersport schon am ersten Tag einen bösen Skiunfall haben und den Rest Ihres Urlaubs mit Streckverband im Krankenhaus verbringen müssen. Oder wenn wegen Nebel Ihr Flug gecancelt wird und Sie dadurch einen wichtigen Termin mit Geschäftspartnern versäumen. Da ist einem dann wahrhaftig nicht zum Jubeln, sondern eher zum Grollen: »Warum hat das ausgerechnet mich getroffen?« »Warum musste das gerade jetzt passieren?«

Trotzdem lohnt es sich, gegen eine Opferhaltung anzugehen. Sie bringt uns in schlechte Stimmung, ändert aber nichts am gegenwärtigen Zustand. Glücklicherweise gibt es sogar für solche Fälle ein wirkungsvolles Mittel, sich Dankbarkeit – und damit auch Seelenfrieden – zu erhalten: indem wir unsere Perspektive ändern. Eine gute Möglichkeit, eine andere Sichtweise einzunehmen, ist: Seien Sie dankbar für das, was *nicht* passiert ist.

Vor kurzem bin ich offenbar ins Fettnäpfchen getreten. Vor unserem Haus war ein Unfall passiert. Ein Lieferwagen hatte einen nagelneuen Jaguar gerammt und dabei die ganze Seite eingedrückt. Die Polizei war auch schon da. Völlig fertig stand der Besitzer neben seinem arg beschädigten Luxuswagen und starrte trübe vor sich hin. Ich wollte den armen Mann aufmuntern und sagte tröstend: »Seien Sie froh, dass wenigstens kein Mensch zu Schaden gekommen ist.« Darauf funkelte er mich böse an: »Ist ja wohl schlimm genug, dass mein Wagen kaputt ist!«

Es ist eben immer eine Frage des Blickwinkels, ob man dankbar sein kann oder nicht. Überprüfen Sie doch einmal, wie Ihre Einstellung in diesen Fällen ist und machen Sie den kleinen Test auf der nächsten Seite.

Kleiner Test für Ihre Perspektive

1. Ihnen rutscht ein Topf mit kochendheißer Suppe aus den Händen.

○ a) Sie sind sauer, dass Sie jetzt die ganze Schweinerei aufwischen müssen.

○ b) Sie sind heilfroh, dass Sie sich mit der heißen Suppe nicht die Beine verbrüht haben.

2. Sie bekommen nur eine Vier in einer schweren Prüfung.

○ a) Sie sind geknickt, dass Sie keine bessere Note geschafft haben.

○ b) Sie sind froh, dass Sie nicht durchgefallen sind.

3. Sie stürzen mit dem Fahrrad. Das Vorderrad ist verbeult, Sie haben ein paar blaue Flecke.

○ a) Sie hadern damit, dass Sie ausgerechnet über die hohe Bordsteinkante gefahren sind.

○ b) Sie sind froh, dass Sie sich dabei nicht die Knochen gebrochen haben.

Unangenehme Erlebnisse sind wahrhaftig kein Grund zum Jubeln. Wenn Sie jedoch Ihre Aufmerksamkeit auf das richten, was außerdem hätte passieren können, aber nicht eingetreten ist, dann können Sie sogar Unglücksfälle in eine Übung zur Dankbarkeit verwandeln.

Schauen Sie mal nach unten

Sie können sich Ihre Dankbarkeit auch dadurch erhalten, dass Sie auf diejenigen schauen, denen es noch schlechter geht als Ihnen.

Wenn Sie demnächst versucht sind, sich benachteiligt zu fühlen, dann jammern oder schimpfen Sie nicht. Denken Sie stattdessen an Menschen, die sogar froh wären, in Ihrer Lage zu sein. Oder malen Sie sich Umstände aus, unter denen es Ihnen wahrhaftig schlimmer ergehen würde.

Sie müssen Steuern zahlen? Freuen Sie sich, dass sie korrekt abgerechnet werden und Sie nicht in einem korrupten Staat leben. Sie haben Zahnschmerzen? Zum Glück haben Sie einen guten Zahnarzt und leben nicht mehr im Mittelalter, wo Ihnen der Bader auf dem Marktplatz ohne Betäubung Ihren Backenzahn herausgezogen hätte. Sie stehen im Regen und warten auf den Bus? Ein schwerkranker oder gelähmter Mensch würde liebend gerne mit Ihnen tauschen – das schlechte Wetter wäre ihm dabei sicher völlig egal.

Vor Jahren machte ich mit meinem Mann eine Rucksack-Reise durch Indien. Mit öffentlichen Verkehrsmitteln bewegten wir uns auf eigene Faust durchs Land. Besonders die Bahnfahrten waren ein spezielles Erlebnis: Man musste sich schon drei Tage vorher für einen bestimmten Zug anmelden, sonst hatte man keine Chance mitzukommen. Ein Bahnbeamter trug dann penibel Namen und Datum in ein großes Buch ein. Die Züge waren immer völlig überfüllt. Wer keinen Platz mehr fand, kletterte auf das Dach des Zuges – eine höchst gefährliche Angelegenheit – oder hängte sich von außen an die Abteiltür. Die Mitreisenden erzählten uns unterwegs von schrecklichen Unfällen, die auf diese Weise schon passiert waren.

Ich weiß nicht, ob sich inzwischen an der Beförderung in Indien etwas geändert hat, aber an dieses Erlebnis erinnere ich mich bewusst, wenn es mal wieder Probleme mit der Deutschen Bahn gibt. Wie etwa neulich, als ich im Zug nach Frankfurt eine Stunde festsaß. Ich sagte mir: »Du sitzt in einem komfortablen Abteil, hast es warm und trocken. Also, was soll's, kein Grund zur Aufregung.« Dank einer Veränderung der Sichtweise fühlte ich mich entspannt, im Gegensatz zu einigen aufgebrachten Fahrgästen, die sich mächtig über die Verspätung ärgerten.

Ein Spruch sagt: »Ich beklagte mich, dass ich keine Schuhe hatte. Da sah ich einen Mann, der hatte keine Füße.« In diesem Sinne tut es uns gut, dass wir uns immer wieder bewusst machen, wie dankbar wir sein können.

Ihre Wünsche und die Dankbarkeit

Nachdem wir uns so ausführlich mit Dankbarkeit beschäftigt haben, sind Sie jetzt gewiss davon überzeugt, dass sie große Vorteile für Ihre Wünsche bringt. Schauen Sie sich doch noch einmal die besonderen Pluspunkte an: Indem Sie anderen Menschen durch Ihre Dankbarkeit Respekt zeigen, werden Sie von ihnen positiv wahrgenommen. Damit erhöhen Sie die Chancen, beschenkt zu werden, sei es mit materiellen oder geistigen Gaben, wie Unterstützung, Hilfe, Förderung, Informationen und Verbindungen.

Wenn Sie Dankbarkeit zu Ihrer grundsätzlichen Einstellung machen, fühlen Sie sich in jeder Situation reich. Wohlgemerkt, es kommt nicht darauf an, was Sie tatsächlich haben, sondern wie Sie dazu stehen. Auf diese Weise strahlen Sie ein Gefühl von Fülle aus, das auf Ihre Umgebung sehr attraktiv wirkt.

Dankbarkeit macht Sie glücklich, auch wenn sich Ihre Wünsche noch nicht erfüllt haben. Sie müssen Ihr Glück also nicht vertagen, bis sie endlich Wirklichkeit geworden sind – es geht Ihnen jetzt schon gut. Die Erfüllung Ihrer Wünsche ist schließlich nur noch das Sahnehäubchen auf dem Kuchen. Sie können also sehr entspannt Ihre Wünsche weiterverfolgen.

Halten Sie den Neid im Zaum

Wenn man erst einmal angefangen hat, über alles Positive im Leben nachzudenken, müsste man eigentlich bald schon mit einem glücklichen Lächeln im Gesicht herumlaufen. Doch das klappt leider nicht immer – vor allem, wenn der direkte Gegenspieler der Dankbarkeit in uns aktiv wird: der Neid. Der missgünstige Blick auf andere kann uns auf dem Weg zur Wunscherfüllung durchaus das Leben schwer machen. Nach dem Motto »Gefahr erkannt, Gefahr gebannt« kommen Sie deshalb um eine ausführliche Betrachtung dieses unangenehmen Gefühls nicht herum.

Es soll einen Eingeborenenstamm geben, dessen Angehörige von reiner Mitfreude erfüllt sind, wenn andere etwas besitzen oder erhalten, was sie selbst nicht haben. Doch leider haben die Anthropologen dieses außergewöhnliche Volk bisher noch nicht entdeckt. Tatsache ist, dass Neid zu den universalen Gefühlen zählt, genau wie Trauer oder Wut. Alle Menschen sind dazu fähig, Neid zu empfinden. Allerdings lässt sich die Stärke von Neidgefühlen über die Erziehung und die soziale Einstellung beeinflussen, von daher kommen sie in manchen Zivilisationen schwächer zum Ausdruck. Eines ist ebenso allgemein verbreitet: Neid ist verpönt. Man kann ihn eventuell verstehen, aber es gibt wohl niemanden, der den Ausdruck von Neid gutheißt. Diese Ablehnung hat eine lange Tradition, besonders in unserer christlich geprägten Kultur. Neid, lateinisch *invidia*, gehört zum Kanon der sieben Todsünden, den Papst Gregor der Große im fünften Jahrhundert zusammengestellt hat. Neben Stolz, Zorn, Geiz, Faulheit, Völlerei und Wollust ist Neid den Christen bei Androhung des Höllenfeuers untersagt. Neid ist sogar in den Zehn Geboten erwähnt. Dort heißt es:

»Du sollst nicht begehren deines Nächsten Weib, Knecht, Magd, Rind, Esel noch alles, was dein Nächster hat.«

Dem Neid entkommt keiner

Schön wäre es, wenn sich Neid so einfach verbieten ließe. Doch das grüne Monster hält sich nicht daran. Ihm kann man selten entkommen, vor allem, weil es in den meisten Fällen ganz unerwartet zuschlägt.

Mich hat es kürzlich auf dem Flohmarkt erwischt: Neben mir entdeckte eine Frau ein paar wunderschöne alte Gläser, auch noch spottbillig. Die hätte ich liebend gern gehabt. Ich wartete vergebens darauf, dass sie sie wieder zurückstellte. Als sie bezahlte und die Gläser in ihrer Tasche verstaute, spürte ich ein unangenehmes Gefühl: Neid.

Mit kleinen Neidanfällen kommen wir noch zurecht, die gehen schließlich auch schnell vorüber. Richtig unangenehm wird es aber, wenn der Neid sich auf große, für uns selbst wichtige Dinge bezieht. Zu sehen, dass ein anderer hat, was wir uns sehnlich wünschen, schmerzt. Dabei kann uns alles Mögliche neidisch machen: Schönheit, Bildung, Kinder, Herkunft, Charme, Klugheit, Geld, Reisen, Lob, Zuwendung, Glück, Talente, Begabungen, Fähigkeiten, materielle Dinge – kurz und gut, was immer wir selbst gerne hätten.

Interessant ist jedoch, dass wir keineswegs auf jeden neidisch sind, der das von uns Gewünschte besitzt. Offenbar gibt es bestimmte Gesetzmäßigkeiten, wann unser Neid erregt wird und wann nicht. Ein entscheidendes Kriterium ist die Vergleichbarkeit. Wir schauen meist nur missgünstig auf Menschen, die in einem ähnlichen Umfeld leben oder in dem gleichen Bereich aktiv sind wie wir selbst. Wer sich für ein graues Mäuschen hält, ist eher neidisch auf seine hübsche Freundin, die auf jeder Party von Männern umschwärmt wird, als auf ein attraktives Supermodel. Eine Autorin von Kochbüchern ist neidisch auf die hohen Verkaufszahlen einer anderen Kochbuchautorin, nicht aber auf die einer Romanschriftstellerin. Ein Bootsbesitzer ist neidisch auf das schönere Schiff, das neben seinem vor Anker liegt, aber kaum auf die Luxusyacht eines Großindustriellen im Hafen von Ibiza.

Dieses Phänomen hat seine Ursachen in der Funktion des Neides. Neid ist nämlich nicht nur eine seelische Plage, sondern hilft uns zunächst auch, uns innerhalb unserer Umgebung einzuordnen. Soziale Vergleiche gehören mit zur Entwicklung unserer Identität. Der Blick auf andere gibt uns Antwort auf die Frage: »Wer bin ich, und wo stehe ich?« Dabei macht uns der Neid darauf aufmerksam, dass wir auf einem Gebiet, das uns wichtig ist und in dem wir uns Erfüllung wünschen, schlechter abschneiden als Vergleichspersonen in unserer Nähe.

Wie reagieren Sie, wenn Sie neidisch sind?

An unserer Reaktion auf diese unangenehme Erkenntnis zeigt sich, dass Neid nicht gleich Neid ist. In seinem Buch *Neidisch sind immer nur die anderen* illustriert der Psychologieprofessor Rolf Haubl den Unterschied mit einer Anekdote: Ein Amerikaner geht mit seinem Freund die Straße entlang. Ein großer Cadillac fährt vorbei. Sagt der Amerikaner zu seinem Freund: »So einen Schlitten fahre ich auch noch mal!« – Ein Deutscher geht mit seinem Freund die Straße entlang. Fährt ein großer Mercedes vorbei. Sagt der Deutsche zu seinem Freund: »Der Typ geht auch noch mal zu Fuß!«

Mal abgesehen davon, dass hier auf unsere typisch deutsche Neidkultur angespielt wird, zeigen sich daran zwei Arten, mit dem unvermeidlichen Neid umzugehen:

- *Die konstruktive Reaktion:* Der Neider gönnt dem Beneideten das Gut. Er sieht dessen Besitz als Ansporn, ihm nachzueifern.

- *Die destruktive Reaktion:* Der Neider missgönnt dem Beneideten das Gut. Er glaubt, der Besitz sei für ihn unerreichbar und wünscht dem Besitzer deshalb etwas Schlechtes.

In Bezug auf die Erfüllung unserer Wünsche sollten wir uns diese beiden Neidformen einmal genauer anschauen, denn sie führen zu ganz unterschiedlichen Ergebnissen.

Der stimulierende Neid

»Euch werde ich es noch zeigen!« lautet der Code für den konstruktiven Neid. Wir sehen, dass jemand hat, was wir uns wünschen. Daraufhin beschließen wir, uns das auch zu verschaffen. Diese Art von Neid spornt uns an und ist meist mit einer guten Portion Ehrgeiz verknüpft. Dabei verhalten wir uns wie ein Jockey beim Pferderennen. Wir schauen immer wieder auf unsere Rivalen und versuchen, sie unter Aufbietung all dessen, was wir zu bieten haben, einzuholen. Wir halten für möglich, dass wir das schaffen können.

Wibke, 39, und Uta, 42, Trainerinnen im Wirtschaftsbereich, arbeiteten vor einigen Jahren als Kolleginnen in einem Konzern. Beide hatten sich damals fast zur gleichen Zeit selbstständig gemacht, sich dann aber aus den Augen verloren. Wie es der Zufall will, sind nun beide als Referentinnen zu einem Kongress für Führungskräfte in Süddeutschland eingeladen. Als die Organisatoren Wibke das Programm zuschicken, trifft es sie wie eine Faust in den Magen: Uta ist als Keynote Speaker angekündigt, sie hält den Einführungsvortrag, während Wibke neben zahlreichen anderen Referenten nur einen Workshop leitet.

Wibke begrüßt Uta auf dem Kongress besonders freundlich und schlägt ihr vor, doch in der Mittagspause zusammen essen zu gehen. Dabei fragt sie sie geschickt über ihre Karriere aus. Uta, die schon immer gerne über ihre Erfolge gesprochen hat, erzählt offen, wie gut sie zu tun hat und wie hoch ihre Honorare sind. Wibke vergleicht: Uta verdient dreimal so viel wie sie und hat wesentlich attraktivere Aufträge. Die beiden tauschen Visitenkarten aus und verabreden, in Kontakt zu bleiben.

Wieder zu Hause beschließt Wibke: »Was Uta kann, kann ich auch. Wollen wir doch mal sehen, wer von uns beiden es am Ende weiter bringt!« In der folgenden Zeit legt sie mit Elan los. Dabei vergleicht sie immer wieder ihre Ergebnisse mit dem Erfolg von Uta. Das führt unter anderem dazu, dass sie ihre Website neu gestaltet, bewusst ihr Netzwerk erweitert und sich mehr als bisher darum bemüht, mit ihrer Arbeit in den Medien erwähnt zu werden. Sie bewirbt sich auch um Aufträge, die ihr eigentlich nicht liegen, weil sie glaubt, sie müsse es Uta nachtun.

Der feindselige Neid

Kern des unfruchtbaren Neides ist: Wir haben wenig Hoffnung, dass wir das, was wir uns wünschen und bei anderen erfüllt sehen, auch bekommen können. Deshalb blicken wir zornig oder gekränkt auf diejenigen, die scheinbar vom Glück begünstigt sind. Dabei kann es durchaus sein, dass es tatsächlich unmöglich ist, das Gleiche zu erreichen. Zum Beispiel, wenn eine ältere Frau eine 20-Jährige um ihre jugendliche Schönheit beneidet. Weder mit Chirurgie noch mit teuren Cremes lässt sich das Rad der Zeit zurückdrehen. Oder wenn eine durchschnittliche Pianistin ihre Leistung an der ihrer hoch begabten Kollegin misst. Sie kann zwar durch Fleiß und Disziplin ein perfektes Spiel anstreben, doch die geniale Virtuosität ihrer Rivalin wird sie damit nicht erlangen.

Es ist aber auch möglich, dass wir aus einem Minderwertigkeitsgefühl heraus nur glauben, uns würde die Erfüllung verwehrt bleiben. Wir denken: »Die hat Glück gehabt und einen tollen Mann kennen gelernt. Und ich treffe immer nur Nieten.« Oder: »Klar, der fällt es bei ihrem Temperament leicht, sich in den Mittelpunkt zu stellen. Ich kann eben nicht aus meiner Haut.«

Ob unsere Resignation nun berechtigt oder unberechtigt ist, die Folge ist in beiden Fällen dieselbe. Indem wir uns auf die Konkurrenz konzentrieren, verursachen wir in uns unangenehme Gefühle. Auf die Dauer kann das sogar zu einer feindseligen Fixierung führen. Heimlich kontrollieren wir die vermeintlich Glücklichere oder Erfolgreichere, sind über ihre Fortschritte informiert, wissen über ihre aktuellen Leistungen Bescheid. Und wir platzen fast vor Schadenfreude, wenn auch ihr etwas misslingt. Getreu dem Spruch »Wovon das Herz voll ist, davon geht der Mund über« bringen wir immer wieder das Gespräch auf diese Person. Wir wollen wissen, was andere über sie denken, und suchen Verbündete in unserer Abneigung gegen sie. Das kann dann so klingen: »Findest du nicht auch, dass sie völlig überschätzt wird?«, bis hin zum Klatsch: »Die hat das doch nur durch Protektion geschafft.«

Der seelische Schaden, den destruktiver Neid in uns anrichtet, ist beträchtlich. Indem wir ständig um unsere Unfähigkeit kreisen, verringern wir unser Selbstwertgefühl: Dem anderen gelingt das – mir nicht. Wir versinken immer mehr in dem beschämenden Gefühl, versagt zu haben, fühlen uns ohnmächtig und hilflos. Und da Seele und Körper eine Einheit bilden, wirkt sich die psychische Beeinträchtigung auch auf unsere Gesundheit aus. Nicht umsonst sprach man schon im Mittelalter davon, jemand sei »gelb vor Neid« oder auch »grün vor Neid«. Diese Redewendungen stammen daher, dass man Neid mit einer Störung der Galle in Verbindung brachte.

Strategien gegen den Neid

Neidattacken lassen sich kaum verhindern. Aber wir sind dem Neid keineswegs hilflos ausgeliefert. Als denkende Wesen können wir unsere kleinen grauen Zellen einsetzen und ganz bewusst gegensteuern. Und dass sollten wir auch unbedingt tun, denn damit ersparen wir uns eine Menge unnötigen Frust.

Vielleicht wenden Sie jetzt ein: »Aber der stimulierende Neid ist doch gar nicht so schlecht, den kann man doch ruhig nutzen.« Selbst von dieser immerhin konstruktiveren Form des Neides rate ich Ihnen ab. Als Anregung und erfrischender Kick mag er kurzfristig seinen Sinn haben, doch auf die Dauer sollten Sie auch ihm innerlich Paroli bieten. Aus einem wichtigen Grund: Egal auf welche Art Sie neidisch sind, Sie tanzen auf jeden Fall auf der falschen Hochzeit. Sobald Sie sich mit einer anderen Person vergleichen, verlieren Sie sich selbst aus den Augen. Der Mensch, den Sie beneiden, hat schließlich eine andere Kombination von Eigenschaften und Fähigkeiten als Sie – und letztlich auch ein anderes Schicksal. Der ständige Vergleich hindert Sie daran, sich auf Ihre persönlichen Möglichkeiten zu besinnen und Ihren eigenen Weg zu finden. Außerdem machen wir, wann immer wir neidisch sind, einen Denkfehler. Wir konzentrieren uns nur auf das, was uns der beneidete Mensch voraushat, etwa die reiche Familie, die entzückenden Kinder, Schönheit oder beruflichen Erfolg – alles Übrige lassen wir beiseite.

Sehen Sie das Ganze – nicht nur den erwünschten Teil

Sind Sie zurzeit auf jemanden neidisch, weil er etwas besitzt, das Sie sich wünschen oder etwas besser kann als Sie? Dann füllen Sie bitte die folgenden Leerzeilen aus.

Name: ....

Das hat sie/er mir voraus: .... *Übung*

....

Und nun beantworten Sie dazu die folgende Frage: Angenommen, Sie könnten erhalten, worum Sie diesen Menschen beneiden – aber nur unter der Bedingung, dass Sie alles von ihm übernehmen. Würden Sie das tun?

Bitte kreuzen Sie an: .... ◯ Ja .... ◯ Nein

Es sollte mich wundern, wenn Sie soeben »Ja« angekreuzt haben. Mir ist jedenfalls noch keiner begegnet, der diesem Handel zugestimmt hätte. Den langweiligen Mann der Freundin, die Sie um ihr luxuriöses Leben beneiden, möchten Sie nicht geschenkt, schließlich sind Sie mit Ihrem Liebsten viel glücklicher. Die Karriere Ihrer Kollegin würden Sie schon gerne machen, aber auf ihre ständigen Rückenschmerzen können Sie verzichten. Die guten Kontakte Ihrer Konkurrentin sind für Sie reizvoll, aber bestimmt nicht ihr Übergewicht.

Noch etwas gerät beim Neid leicht aus dem Blickfeld: In den meisten Fällen ist das von Ihnen Gewünschte denjenigen nicht in den Schoß gefallen, sondern sie haben eine Menge dafür getan. Fragen Sie ruhig einmal nach, was die von Ihnen beneidete Person an Zeit, Kraft und Engagement investiert hat. Die meisten antworten ganz offen. Schauen Sie auch genau hin, was der Erfolg auf Dauer kostet. Überlegen Sie dann: Bin ich dazu bereit? Will ich wirklich wochenlang abends auf

Fortbildung sein? Mich auf die Bühne stellen und Buh-Rufe in Kauf nehmen? In die Provinz reisen, um dort mühsam für einen Artikel zu recherchieren? Einen hohen Kredit aufnehmen, ohne die Garantie auf Erfolg für mein Projekt? Rund um die Uhr die Verantwortung für ein Kind übernehmen? In vielen Fällen ist es uns zu mühsam, den erforderlichen Preis zu bezahlen. Und nur, wenn wir auch den Preis kennen, wissen wir, worauf wir uns einlassen.

Die Frage »Bin ich bereit, alles zu übernehmen?« kann Ihnen helfen, Ihren Neid zu überwinden. Statt eines Ausschnitts sehen Sie das Ganze – und das ist oft gar nicht so beneidenswert.

Sind Sie bereit für die Veränderungen?

Oft stellen wir uns das, was wir gerne hätten, zu rosig vor und blenden gerne die negativen Seiten aus. Wir sollten uns fragen: »Bin ich denn mit allen Veränderungen einverstanden, die die Erfüllung meines Wunsches mit sich brächte?« Auch in diesem Punkt müssen Sie schon das ganze Paket annehmen.

Überprüfen Sie für sich: Werden Sie als Führungskraft wirklich glücklich sein – oder werden Sie die Einsamkeit an der Spitze kaum aushalten und sich in Ihr kollegiales Team zurückwünschen? Werden Sie als bekannte Persönlichkeit damit fertig, ständig auf dem Präsentierteller zu sitzen? Werden Sie das Wohnen auf dem Land wirklich nur genießen, oder werden Sie schmerzlich das kulturelle Leben vermissen, das die Stadt Ihnen bietet?

Xenia, 51, Stimmtherapeutin, fährt auf dem Weg zu ihrer Praxis mit dem Fahrrad durch ein Stadtviertel, das sich durch seine schönen Villen auszeichnet. Große Balkons, von außen kann man in weite Räume schauen. Bisher wurde sie dabei regelmäßig von Neid gepackt. Dort zu wohnen wäre großartig. Wenn sie nur das Geld hätte! Inzwischen hat Xenia ein gutes Mittel gefunden, ihren Seelenfrieden zu behalten. Sie hat den Traum, in so eine Wohnung zu ziehen, einmal konsequent weitergesponnen. Dabei tauchen plötzlich ganz neue Überlegungen auf: Wer weiß, wie die neuen Nachbarn in dem Nobelviertel sind, vielleicht lauter schwierige alte Leute oder arrogante Schnösel. In ihrem jetzigen Wohnhaus sind jedenfalls alle freundlich und hilfsbereit. Und dann die Umgebung – todlangweilig. Kein Geschäft, kein Restaurant, im Gegensatz zu ihrem quirligen Stadtteil. Sie könnte auch nicht mal eben Freunde besuchen, die in der Nähe wohnen oder im nahe gelegenen Park joggen. Xenia fallen noch eine ganze Reihe weiterer Nachteile ein. Am Ende ist sie ganz zufrieden mit ihrem Status quo.

Der Blick auf das Ganze kann uns davor bewahren, neidisch zu werden. Es gibt aber noch eine ganz besondere Methode, Neid nicht nur aufzulösen, sondern gleichzeitig Souveränität zu gewinnen und sich in eine optimistische Stimmung zu versetzen.

Segnen Sie, statt zu beneiden

Auf einer Veranstaltung für Managerinnen lernte ich den Amerikaner Dr. Serge Kahili King kennen, einen Lehrer der hawaiianischen Huna-Philosophie. Dabei handelt es sich um eine sehr alte Überlieferung von psychologischen Erkenntnissen, von denen wir durchaus profitieren können.

Eines der grundlegenden Gesetze von Huna lautet: »Bless everyone and everything that represents what you want.« Übersetzt in einer Kurzformel: Segne alles, was du auch gerne hättest. Das kann etwa die Gesundheit, der Reichtum, der Erfolg oder die Schönheit eines Menschen sein. Es kann sich aber auch auf elegante Kleidung im Schaufenster, die üppigen Früchte an einem Obstbaum, die gelungene Konstruktion eines Bauwerkes oder die Pracht eines Luxushotels beziehen. Oder Sie segnen die friedliche Stimmung auf einem Abendspaziergang, die erhebenden Gesänge im Gottesdienst, das beeindruckende Spiel eines Filmstars, ein köstliches Essen.

Sie können Ihrem Segen verschiedene Formen geben. Vielleicht denken Sie »Ich segne dich für …«, oder Sie schicken ein stilles Dankgebet zum Himmel. Sie können Ihren Segen auch als Lob, Bewunderung oder Kompliment aussprechen: »Das hast du großartig gemacht.«

»Ich bewundere deinen guten Geschmack.«»Ich liebe deine freundliche Art.«

Serge Kahili King erläuterte die Wirkung: »Etwas zu segnen bedeutet, seine Aufmerksamkeit und Energie in positiver Weise auf etwas zu richten, das man schätzt und auch gerne hätte. Es ist eine äußerst wirkungsvolle Technik. Allerdings ist es wichtig, sie möglichst oft einzusetzen.«

Indem Sie einen Segen für das Gewünschte aussprechen, zeigen Sie, dass Sie machtvoll und großzügig sind. Sie sind kein armes Opfer weltlicher oder kosmischer Ungerechtigkeit, das um Erfüllung betteln oder verzweifelt darum kämpfen muss. Segen bringt Sie auf Augenhöhe mit anderen Menschen. Dass ein anderer besitzt, was Sie sich wünschen, ist ein Beweis dafür, dass man es bekommen kann – also auch Sie.

In seiner Wirkung auf Körper, Geist und Seele ist der Segen dem Neid weit überlegen. Angenommen, Ihre Kollegin hat großen Erfolg im Beruf. Statt neidisch zu denken: »Na warte, dich überhole ich noch« (konstruktive Version) oder: »Warum die blöde Kuh und nicht ich?« (destruktive Version), denken Sie souverän: »Ich segne deinen Erfolg.« Damit begeben Sie sich auf ein geistiges Level, auf dem Sie selbst die größten Chancen haben, das Erwünschte auf Sie zukommen zu lassen.

Ich schlage Ihnen ein Experiment vor: Segnen Sie drei Tage lang alles, was Sie selbst gerne hätten und worum Sie andere beneiden. Den Urlaub auf den Malediven, die Designerkleidung, die blühende Gesundheit, die schlanke Figur, das viele Geld, die Berühmtheit, die großartigen Aufträge, die freie Zeit, den zärtlichen Partner. Und dann schauen Sie, was passiert. Eines kann ich Ihnen schon jetzt garantieren: Ihr Wohlbefinden wird sich steigern. Und vielleicht gibt es ja auch noch eine Überraschung, etwa dass Sie plötzlich ganz leicht erhalten, worum Sie glaubten, kämpfen zu müssen. In jedem Fall lohnt es sich, den Neid gegen das Segnen einzutauschen. Sie ersetzen damit das Gefühl von Mangel durch das von Fülle.

Nutzen Sie den Zufall

Bis hierher haben wir uns damit beschäftigt, wie wir unsere Wünsche mit den unterschiedlichsten Mitteln gezielt verfolgen können. Das ist durchaus sinnvoll. Denn wie schon meine kluge Großmutter sagte: »Von nichts kommt nichts.«

In den meisten Fällen machen wir sowohl bei uns selbst als auch bei anderen die Erfahrung, dass der Output dem Input entspricht und dass wir ernten, was wir säen. Wir sind es gewohnt, in Ursache und Wirkung zu denken: Wenn wir intensiv lernen, dann schaffen wir die Prüfung. Wenn wir ein paar Pfund abnehmen und uns sexy anziehen, dann wirken wir attraktiv. Wenn wir uns genau an das Rezept halten, dann gelingt uns der Kuchen. Kurz und gut, wir setzen auf Leistung, um unser Ziel zu erreichen. Damit sind wir in vielen Fällen erfolgreich, aber nicht immer und nicht automatisch. Es gibt keine Garantie für die Formel »Wenn…, dann…«, sonst hätten sich ja alle disziplinierten, fleißigen, hartnäckigen Menschen ihre Wünsche ausnahmslos längst erfüllt.

Die Erfahrung lehrt uns, dass es neben der eindeutigen Welt von Ursache und Wirkung noch eine unberechenbare Parallelwelt gibt: die des Zufalls. Sich mit ihr zu beschäftigen, hat schon Nobelpreisträger ins Schwitzen gebracht. Inzwischen haben sie den Zufall in der Thermodynamik, der Quantenmechanik und der Evolutionstheorie akzeptiert. Wann ein radioaktives Isotop zerfällt oder wann in der DNA eine Veränderung eintritt, ist nicht durch Naturgesetze bestimmt, sondern absolut zufällig. Aber so wissenschaftlich anspruchsvoll müssen wir uns dem Zufall gar nicht nähern, wir wollen ihn ganz praktisch für die eigenen Wünsche anwenden.

Wunsch oder Willkür?

Ein prominenter Profi im erfolgreichen Wünschen hatte sich mit einem Projekt verspekuliert und war fast pleite. (Ich verkneife mir an dieser Stelle die Frage, warum er sich für seine Arbeit kein ausreichend finanzielles Ergebnis gewünscht hatte, vielleicht hatte er das ja bloß vergessen.) Er überlegte also, wie viel Geld er brauchen würde, um mindestens ein Jahr sorgenfrei zu leben. Diese Summe wünschte er sich intensiv. Eine Woche später kaufte er auf einem Wohltätigkeitsfest ein paar Lose. Und, Sie ahnen es sicher: Er zog den Hauptgewinn. Ein Luxusauto, das ihm beim Verkauf exakt die gewünschte Summe brachte.

Die meisten von uns haben wohl schon einmal mit sehnsüchtigen Gedanken an eine Reise nach Mauritius oder an einen Kleinwagen in eine Lostrommel gegriffen und dann nach dem Aufpulen der Lose enttäuscht gemurmelt: »Wieder eine Niete.« Ich habe auf diese Weise immerhin schon einen Eishockey-Schläger gewonnen, aber wirklich glücklich machte der mich auch nicht, schließlich kann ich mich kaum auf Schlittschuhen halten. Mit unserem Misserfolg sind wir in bester Gesellschaft mit denjenigen, die vergeblich Lotto spielen, Preisausschreiben ausfüllen, beim Radiosender für kostenlose Konzertkarten anrufen oder auf den Mann fürs Leben, ein freies Zugabteil oder einen Studienplatz in ihrer Lieblingsstadt hoffen.

Machen wir denn alle etwas falsch? Glauben wir vielleicht nicht fest genug an die Erfüllung unseres Wunsches? Schon das kleinste Quäntchen Zweifel soll sich ja verheerend auswirken.

Ich darf Sie beruhigen: Ob Sie den Hauptgewinn abräumen, liegt nicht an Ihrer Qualität als erfolgreich Wünschende, sondern ist zunächst einmal dem puren Zufall geschuldet, jedenfalls aus Sicht der Mathematiker. Denen gilt der Zufall als ein unvorhersehbares Ereignis, dessen Ergebnis sich im Experiment nicht mit Sicherheit wiederholen lässt, wie etwa das Werfen einer Münze oder die Verteilung von Milch im Kaffee. Hätte unser Mann zum zweiten Mal in die gleiche Losmenge gegriffen, hätte er vermutlich gar nichts oder vielleicht eine CD der Regensburger Domspatzen gewonnen. Insofern war sein Gewinn purer Zufall. Das *Deutsche Wörterbuch* der Gebrüder Grimm definiert ähnlich: »Zufall ist das unberechenbare Geschehen, das sich unserer Vernunft und Absicht entzieht.«

Gehirn sucht Sinn

Wenn wir zwischen einem glücklichen Zufall und unseren Wünschen einen ursächlichen Zusammenhang sehen, dann hat das weniger mit persönlicher Magie als mit unserem menschlichen Gehirn zu tun. Neuropsychologen haben nachgewiesen, dass wir Unberechenbarkeit schwer akzeptieren können. Unsere grauen Zellen sind darauf programmiert, einen Sinn oder eine Regel in dem zu finden, was uns geschieht. Damit wir Ereignisse in unsere Erfahrung einordnen können, suchen wir nach einer Deutung. Was nicht heißt, das wir hinter jedem x-beliebigen positiven Ereignis gleich einen tieferen Zusammenhang vermuten. Schließlich ereignet sich fast täglich in unserem Leben Zufälliges, das wir einfach nur erfreut zur Kenntnis nehmen: Im Buchladen treffen Sie eine Freundin, die Sie lange nicht gesehen haben. Spontan gehen Sie zusammen einen Kaffee trinken. Oder: Gerade wollen Sie aus dem Haus gehen, da kommt der Paketbote. Glück gehabt, so müssen Sie später nicht extra zur Post. Falls Sie sich allerdings genau das vorher gewünscht haben, sieht das Ganze schon anders aus. Dann stellen Sie sofort die Verbindung her: »Hurra, meine Wünsche funktionieren.« Je mehr solcher Ereignisse Sie registrieren, umso mehr glauben Sie an Ihren Erfolg.

Koinzidenz – der sinnvolle Zufall

Damit sind Sie nun kein Fall mehr für die Mathematik, sondern für die Psychologie. Man spricht in dem Zusammenhang von »Koinzidenz«. Eigentlich bezeichnet das auf Lateinisch einfach nur »Zusammentreffen«, aber im psychologischen Sinn steckt noch mehr dahinter, als dass Sie gerade diese Zeilen lesen und in China fällt gleichzeitig ein Sack Reis um. Der Psychoanalytiker Robert H. Hopcke, Direktor des

Center for Symbolic Studies in Berkeley, definiert Koinzidenz so: »Ein ungewöhnliches zeitliches Zusammentreffen von Ereignissen, die auf irgendeine Weise miteinander verknüpft sind.« Dabei können nicht nur äußere Ereignisse miteinander verbunden werden (Sie gehen in den Buchladen und treffen Ihre Freundin), sondern auch Gedanken und Gefühle: Sie denken gerade an Ihre Freundin, schon ruft sie an. Oder Sie fühlen sich deprimiert und im Radio bringen sie Ihr Lieblingslied, das Sie aufmuntert. Egal, ob nun innerliche oder äußerliche Vorgänge verknüpft werden, entscheidend ist, dass das Ereignis von derjenigen Person, die es erlebt, als bedeutsam wahrgenommen wird.

Vor einigen Jahren hielt ich für Leserinnen der Zeitschrift *Brigitte* ein Seminar zum Thema »Ich möchte mein Leben ändern«. In der Abschlussrunde bat ich darum, dass jede Teilnehmerin uns ihren ersten konkreten Schritt mitteilt, den sie für die Umsetzung ihrer Pläne tun würde. Dazu hatte ich mir eine kreative Form überlegt: Ich ließ jede Frau eine Tarotkarte ziehen. Nicht als Orakel, um aus der tatsächlichen Bedeutung der Karte die Zukunft zu lesen, sondern als Projektionsfläche, ähnlich wie man beim Rorschach-Test Tintenkleckse ausdeutet und damit etwas über seine Persönlichkeit und sein Befinden verrät. Eine nach der anderen erzählte, was das Bild auf ihrer Tarotkarte für sie im Blick auf ihre Pläne bedeutete. Das Ergebnis war höchst interessant: Jede war davon überzeugt, dass sie die genau für sie passende Karte gezogen hätte. Zwei Teilnehmerinnen waren über ihre Trefferquote ganz besonders erstaunt. Die eine hatte die Karte »Die Priesterin« gezogen. Darauf befindet sich eine schöne Frau zwischen zwei Säulen, auf denen die Buchstaben »B« und »J« stehen. Die Anfangsbuchstaben des Namens dieser Teilnehmerin waren – dreimal dürfen Sie raten – »B.J.«. Die andere Teilnehmerin war das »Problemkind« des Seminars. Sie hatte sich trotz aller Bemühungen unsererseits nicht beteiligt und immer wieder angekündigt, das Seminar zu verlassen. Auf ihrer Karte war gar nichts – sie hatte das weiße Deckblatt gezogen, das mir versehentlich in das Kartenset hineingeraten war.

Wenn Sie mich jetzt fragen, ob das nun Zufall war oder ob ein tieferer Sinn dahintersteckte, bringen Sie mich in eine Zwickmühle. Meine

Antwort lautet: sowohl als auch. Einerseits war das purer Zufall, denn welche der 78 Karten man zieht, lässt sich nicht vorab berechnen. Gleichzeitig zeigte sich eine individuelle Bedeutung, die den Frauen auf ihrem Weg zur Veränderung besondere Impulse gab. Auf eine ähnliche Weise sind auch unsere Wünsche mit dem Zufall verknüpft.

Wünsche locken den Zufall an

Unsere Wünsche erhöhen unsere innere Bereitschaft, das dazu passende Ereignis überhaupt wahrzunehmen. Mehr noch, oft scheinen wir es damit sogar anzuziehen. Falls Sie eine überzeugte Bestellerin beim Universum sind, sagen Sie jetzt vielleicht befriedigt: »Na bitte, endlich gibt diese Psychologin zu, dass es funktioniert.« Freuen Sie sich nicht zu früh. Mit »anziehen« meine ich nicht, dass wir kraft unserer intensiven Vorstellung höhere Mächte dazu bringen, uns unseren Wunsch zu erfüllen. Ich verstehe darunter vielmehr, dass Sie sich auf das Objekt Ihrer Begierde hin bewegen. Sobald Sie sich nämlich etwas Bestimmtes wünschen, werden Sie bewusst oder unbewusst die Umgebung aufsuchen, in der Sie es finden können. Schließlich hat der eingangs zitierte Wunschspezialist ja auch nicht Kaugummi aus dem Automaten gezogen, sondern Lose aus der Trommel. Tatsächlich kann der Zufall eine Menge für Ihre Wünsche tun. Er hat seinen großen Auftritt immer dann, wenn Sie mit dem direkten Weg erfolglos sind, wenn Sie nicht mit hundertprozentiger Sicherheit wissen, wie und wo Sie das bekommen können, was Sie haben wollen. Lassen Sie uns also schauen, auf welche Weise Sie den Zufall für die unterschiedlichen Arten von Wünschen nutzen können.

Der Zufall und die kleinen Wünsche

Unter »kleinen« Wünschen verstehe ich solche, die keine existenzielle Bedeutung für unser Leben haben. Ob Sie das fehlende Teil für Ihre Sammlung von Porzellanelefanten finden oder die Einladung zur Eröffnung eines neuen Lokals bekommen, wird Ihren Alltag nicht sonderlich verändern. Damit möchte ich die kleinen Wünsche keineswegs abwerten. Ihre Erfüllung schenkt uns Freude und stillt das Begehren. Sie können auch zu einer echten Herzensangelegenheit werden, von der zumindest zeitweilig das Glück abhängt. Das weiß jede Frau, die sich schon die Hacken abgerannt hat, um einen Schal im passenden Blau für ihr Kostüm zu finden, oder versucht hat, noch Karten für das Konzert ihrer Lieblingsband zu bekommen. Je nach Erfolg war der Tag dann gerettet oder verdorben. »Klein« heißt auch nicht unbedingt »preiswert« oder »leicht zu bekommen«. Ein gestepptes Chanel-Täschchen kostet immerhin fast 2 000 Euro, und die Mitgliedschaft in manchen Clubs können Sie sich nicht erkaufen, sondern müssen dafür Bürgen finden.

Solche Wünsche des Alltags sind meist recht zahlreich. Ich habe mir einmal im Selbstversuch das Vergnügen gemacht, meine sämtlichen Wünsche dieser Art aufzuschreiben, von der weiß-braun gemusterten Bettwäsche bis zum Segeltörn im Mittelmeer. Dabei bin ich auf sage und schreibe 86 Wünsche gekommen, kleine und große. Zum Glück waren nicht alle 86 wirklich dringend. Sie schlummerten eher im Verborgenen, nach dem Motto: Es wäre schön, das zu haben – aber wenn nicht, geht die Welt auch nicht unter. Meist sind es nur ein oder zwei Wünsche, die gerade im Vordergrund stehen und deren Erfüllung uns auf den Nägeln brennt, etwa wenn Sie gerne feines Briefpapier hätten oder einmal eine Ayurveda-Kur auf Bali mitmachen möchten.

In vielen Fällen wissen wir genau, wie wir die Erfüllung unserer Wünsche erreichen können. Wenn Sie einen bestimmten Roman lesen wollen, gehen Sie in die Buchhandlung. Möchten Sie einen speziellen Nagellack, gibt es den in der Parfümerie. Geschäfte, Reisebüros, Spezialisten im Internet oder professionelle Informanten sind gerne behilflich. Bei manchen Wünschen fehlt uns nur das nötige Geld oder die Zeit, alles andere wäre kein Problem. Doch es gibt auch kleine Wünsche, bei denen wir nicht genau wissen, wie und wo wir sie uns erfüllen können. Und genau für die ist der Zufall nützlich. Auf die folgende Weise können Sie ihn aktivieren: Stellen Sie sich genau und mit sämtlichen Details vor, was Sie sich wünschen.

Machen Sie sich ein klares Bild

Das gilt besonders für materielle Dinge. Machen Sie sich ein klares Bild von Form, Farbe und Größe. Sie können es noch verstärken, indem Sie sich die entsprechenden Fotos aus Zeitschriften ausreißen und sich gründlich anschauen. Durch Ihre präzise Vorstellung speichern Sie das Bild in Ihrem Unterbewusstsein. Danach können Sie es ruhig vergessen, Ihr Unterbewusstsein scannt selbstständig die Dinge, die Ihnen begegnen, und gleicht sie mit dem inneren Ideal ab. Sobald sich der gewünschte Gegenstand in Ihrem Blickfeld befindet, wird es Sie darauf aufmerksam machen.

Amelie, 28, hatte sich von einer Geschäftsreise aus Paris eine Modezeitschrift mitgebracht, die man in Deutschland nicht bekommt. Auf einem Foto trug das Model ein paar Stiefel, die Amelie einfach toll fand. Flacher Absatz, rustikal, festes Leder, cognacfarben. Leider wurde nicht angegeben, von welcher Firma die Schuhe stammten. Aber es konnte ja wohl nicht so schwer sein, solche Stiefel auch bei uns zu finden. In ihrer Freizeit durchforstete Amelie systematisch die Schuhgeschäfte. Es gab rustikale, cognacfarbene Stiefel aus festem Leder, aber mit hohem Absatz, flache, rustikale, cognacfarbene Stiefel, aber aus weichem Leder. Nur nicht das, was sich Amelie wünschte. Enttäuscht gab sie auf und dachte irgendwann nicht mehr daran. Einige Wochen später schlenderte sie mit ihrem Freund über einen Flohmarkt. Plötzlich fiel ihr Blick auf einen Haufen Schuhe, die in einer Holzkiste unter dem Verkaufsstand lagen. »Moment mal«, sagte Amelie und hielt ihren Freund am Ärmel fest, »lass mich mal gucken.« Sie zog ein Paar Stiefel heraus, das genau denen in der Zeitschrift glich. Und sie hatten sogar die richtige Größe. Strahlend trägt Amelie nun ihre Wunschstiefel.

Das funktioniert nicht nur bei materiellen Dingen, sondern auch bei etwas, das Sie gerne erleben wollen, zum Beispiel wenn Sie eine bestimmte Sängerin einmal live hören möchten oder jemanden suchen, der Ihnen Flamenco beibringt. Vielleicht kochen Sie gerade Spaghetti, und nebenbei läuft das Radio. Die Kulturnachrichten aus Ihrer Region hören Sie nur mit halbem Ohr, Sie sind gerade mit der Tomatensauce beschäftigt. Plötzlich werden Sie hellhörig. Bei den Worten »Katie Melua«, »morgen Abend« und »Restkarten« macht Ihr Unterbewusstsein Sie aufmerksam. Oder Sie stehen an einer Ampel, die für Fußgänger eine lange Rot-Phase hat. Genervt gleitet Ihr Blick über Zettel, die am Ampelpfahl kleben. »WG-Platz gesucht«, »Machen Sie bei einer Marktstudie mit«. Plötzlich lesen Sie: »Spanierin gibt Flamenco-Unterricht.« Sie notieren sich sofort die angegebene Handynummer. Wunsch erfüllt!

Aufmerksamkeit ist wichtig, wenn man den Zufall in einen Glücksfall verwandeln möchte. Das hat der englische Psychologieprofessor Richard Wiseman mit einem interessanten Experiment bestätigt. Er ließ Versuchspersonen eine Zeitung durchschauen, mit der Anweisung, die Fotos darin zu zählen. Die Probanden machten sich an die Arbeit und waren eifrig damit beschäftigt, nur ja kein Foto auszulassen. Keiner von ihnen nahm die auffällige Überschrift auf der zweiten Seite wahr: »Hören Sie auf zu zählen. Es sind 43 Fotos.«

Welche kleinen Wünschen Sie auch haben, die Methode ist immer dieselbe: Prägen Sie Ihrem Unterbewusstsein Ihr Wunschziel deutlich ein. Dann wird es Sie mit Sicherheit aufmerksam machen, sobald Sie in die Nähe des ersehnten Ereignisses oder Gegenstandes kommen. »Selektive (ausgewählte) Wahrnehmung« nennt man das in Fachkreisen. Sie kennen das längst: Wenn Sie sich einen roten Golf kaufen wollen, ist plötzlich die ganze Stadt voll von diesen Autos. Dass es auch noch zig andere Marken und Farben gibt, blenden Sie dank Ihres gezielten Interesses einfach aus. Oder Sie wollen Ihre Freundin am belebten Hauptbahnhof vom Bahnsteig abholen: Dann scannen Sie sämtliche Reisende, die aus dem Zug steigen, nach den besonderen Merkmalen Ihrer Freundin. Ihr Unterbewusstes reagiert wie das Zoomobjektiv bei einer Kamera: Es vergrößert und fokussiert das, was Sie im Bild haben wollen. Da wir nicht in der Sahara leben, sondern uns in einer Umgebung der Konsumfülle bewegen, stehen die Chancen gut, dass wir auf diese Weise per Zufall das Gewünschte finden. Den Vorgang dürfen Sie auch gerne »Bestellung beim Universum« nennen. Ein bisschen hat das ja tatsächlich von einem himmlischen Versandhauskatalog.

Der Zufall und die großen Wünsche

Als »große« Wünsche bezeichne ich diejenigen, die für unser Leben von entscheidender Bedeutung sind. Oft entstehen sie in Krisensituationen oder an Schaltstellen unserer individuellen Geschichte. Wir spüren vielleicht, dass wir etwas verändern müssen, damit wir glücklich werden. In uns entsteht eine Sehnsucht, die sich auf die Dauer nicht ignorieren lässt. Solche Wünsche sind meist zutiefst mit unserer Persönlichkeit verbunden oder sind von existenzieller Bedeutung. Hier sind einige besonders wichtige große Wünsche – die Liste können Sie natürlich gerne noch um diejenigen erweitern, die für Sie persönlich eine Bedeutung haben:

- die große Liebe finden
- den passenden Beruf finden
- an den richtigen Arbeitsplatz kommen
- die eigene Berufung finden
- eine erfüllende Aufgabe haben
- Arbeit bekommen
- Abenteuer und Herausforderungen erleben
- Gesundheit
- Anerkennung erhalten
- berühmt werden
- Freunde haben
- eine schöne Wohnung
- Erfolg
- eine notwendige Geldsumme
- ein Kind bekommen
- sich mit einem geliebten Menschen versöhnen
- Hilfe finden
- Karriere machen

Gewiss haben sich bei Ihnen, wie bei den meisten von uns, schon einige dieser Wünsche erfüllt. Wenn wir darauf zurückschauen, wie das passiert ist, dann sind wir oft erstaunt über das Zusammentreffen von Ereignissen, die dazu geführt haben.

Der Physiker und Wissenschaftsjournalist Stefan Klein schreibt in seinem Buch *Alles Zufall*: »Ich bin Kind einer Firmenpleite, eines verschlafenen Sonntags und des ersten Autos meines Vater.« Und dann erzählt er die Geschichte, wie sein Vater und seine Mutter ein Paar wurden: Ein junger Chemiker aus Innsbruck, der in München arbeitete, bekam von seinem Bruder günstig einen VW-Käfer angeboten und griff zu. Im gleichen Jahr ging in Tirol ein Unternehmen pleite. Die Tochter des Hauses musste sich auswärts Arbeit suchen und landete in München. Eine Bekannte erzählte ihr von dem jungen Mann, der am Wochenende zwischen Innsbruck und München pendelte und vermittelte eine Fahrgemeinschaft. Zunächst kamen dabei keine romantischen Gefühle ins Spiel. Doch eines schönen Herbsttages verschlief das junge Mädchen, und ihre Freunde brachen ohne sie zu einer geplanten Bergtour auf. Draußen schien die Sonne. Spontan rief sie bei ihrem Käferfahrer an, ob er etwas mit ihr unternehmen wollte. An diesem Sonntag funkte es. Ein Jahr später waren sie verheiratet. Stefan Klein schreibt: »Ich habe mich oft gefragt, wie es gekommen wäre, hätte sich auch nur eine dieser Begebenheiten anders zugetragen?«

Die Frage ist, ob es sich bei diesem Zusammentreffen wirklich um einen Zufall im naturwissenschaftlichen Sinne handelt. Wie es zur Begegnung der beiden jungen Leute kam, lässt sich immerhin schlüssig begründen. Man kann jede einzelne Ursache der Geschichte und ihre Wirkung nachvollziehen. Zwei nach den Gesetzen der Logik verständliche Handlungsstränge treffen aufeinander und verbinden sich an einem Punkt zu dem bekannten Ergebnis. Würde man allerdings auch nur eine Einzelheit verändern, käme es eben nicht mehr dazu. Angenommen, die Firma wäre nicht pleitegegangen, dann hätte die junge Frau vermutlich in Wien studiert und den Chemiker nie getroffen. Wenn der nicht das Auto von seinem Bruder gekauft hätte, wäre keine Fahrgemeinschaft zustande gekommen. Hätte sie nicht verschlafen, wäre sie mit den Freunden auf den Hausberg gestiegen und ihrem späteren Mann nicht nähergekommen. Es sieht also ganz so aus, als wäre ein minuziöser Plan in Erfüllung gegangen, mit dem erklärten Endziel, dass sich Herr Klein und die zukünftige Frau Klein kennen lernen.

Die Magie des Zufalls

Solche komplizierten Ereignisketten und Verknüpfungen finden wir bei vielen bedeutenden Ereignissen in unserem Leben. Von daher sind wir besonders geneigt, nicht von einem Zufall zu sprechen. Je nach unserer Glaubensvorstellung nennen wir es lieber Schicksal oder Fügung. Tatsächlich sieht es oft so aus, als habe da eine himmlische Kraft die Finger im Spiel – besonders, wenn noch einige offenbar magische Elemente hinzukommen, so wie ich es erlebt habe.

Der Besitzer des Hauses, in dem ich meine Praxis hatte, kam auf die Idee, das Dachgeschoss auszubauen. Ein halbes Jahr könnte das schon dauern, meinte er. Die Handwerker rückten an. Anfangs versuchten meine Klienten und ich noch, den Lärm zu ignorieren, aber es ging nicht. Unter den Bedingungen ließ sich nicht arbeiten. Ich musste mir also eine neue Arbeitsstätte suchen. Hamburg ist groß. Man sollte annehmen, ich hätte schnell etwas gefunden. Aber das war keineswegs der Fall. Die Büros, die mir gefielen, waren entweder viel zu teuer oder lagen zu weit weg. Was dagegen in der Nähe angeboten wurde und bezahlbar war, entpuppte sich bei der Besichtigung als echte Zumutung, wie etwa die kleine Butze über einer Autowerkstatt.

Während dieser Zeit war ich in Berlin zu einer Lesung eingeladen und bummelte vorher noch ein bisschen durch die Stadt. Dabei geriet ich in einer Seitenstraße vom Kurfürstendamm in eine Galerie. Die Bilder gefielen mir nicht sonderlich, wohl aber die Galerie mit Parkettboden, schönem Stuck an der Decke und großen Fenstern mit Rundbogen. Unterwegs habe ich meist einen kleinen Fotoapparat dabei, und so knipste ich ein Foto von dem Raum. »Genau solche Arbeitsräume hätte ich gerne, nur ein bisschen kleiner«, ging es mir durch den Kopf. Zurück in Hamburg legte ich das Foto in die Schublade und vergaß es. Die Suche nach Praxisräumen ging weiter. An einem Samstag holte ich mir mal wieder das *Hamburger Abendblatt*, um Annoncen durchzusehen. Weil so schönes Wetter war, setzte ich mich in einen Biergarten und legte die Zeitung auf den Tisch. Plötzlich kam ein Windstoß und blätterte sie so auf, dass mein Blick direkt auf eine kleine Anzeige fiel, die ich sonst vielleicht übersehen hätte. Das Angebot klang interessant. Ich rief gleich an und vereinbarte eine Besichtigung. Als ich die Räume sah, traf mich fast der Schlag: Sie sahen exakt wie die in der Berliner Galerie aus, nur ein bisschen kleiner, mit Parkett, Stuck und Rundbogenfenster, die es übrigens in Hamburg nur selten gibt. Ich habe meine Praxis dort bis heute – es sieht genauso aus wie auf dem Foto.

Mit meinem Erlebnis stehe ich garantiert nicht alleine da. Wenn Sie sich umhören, werden Sie feststellen, dass fast jeder so eine Wunsch-Geschichte erzählen kann. Fragen Sie doch mal in Ihrem Freundes- und Bekanntenkreis: »Wie hast du denn deinen Mann kennen gelernt?« oder: »Wie kommt es, dass du bei der Firma XY arbeitest?« Ich bin sicher, Sie werden interessante Geschichten hören.

Der Zufall weckt den Wunsch

Vielleicht werden Sie auch erleben, dass Ihnen Menschen berichten, wie der Zufall – wahlweise das Schicksal oder die himmlische Fügung – sie sogar ohne direkten Wunsch an die richtige Stelle gebracht hat. Meine Geschichte dazu erzähle ich Ihnen jedenfalls gern.

Mir macht es die größte Freude, Ratgeberbücher zu schreiben. Dabei erlebe ich, was der ungarisch-amerikanische Psychologe Mihaly Csikszentmihalyi »Flow« nennt. Ich verliere das Gefühl für Zeit und höre erst auf, wenn meine Augen brennen und mein Kopf brummt. Obwohl es oft anstrengend ist und ich mich in frustrierenden Momenten frage, warum ich mir das eigentlich zumute, gibt es kaum etwas, was ich lieber tue. Nun sollte man meinen, dass ich mir bei dieser ausgewiesenen Leidenschaft schon immer sehnlich gewünscht hätte, Bücher zu schreiben, Tatsache ist aber, dass ich nicht im Traum daran gedacht habe. Meine Arbeit als Psychotherapeutin füllte mich voll aus, ich schrieb Artikel, entwickelte Psycho-Tests und leitete als Psychologin der *Brigitte* Seminare zu wechselnden Themen. In dem Stress auch noch ein Buch zu schreiben, wäre das Letzte gewesen, was ich mir gewünscht hätte. Eines schönen Tages lief ich in der Redaktion der Lektorin Marita Heinz über den Weg. Die *Brigitte* gab damals noch selbst Bücher heraus und unterhielt ein eigenes Lektorat. Wir plauderten über dies und das, und schließlich sagte sie: »Du machst doch gerade für uns die Seminarreihe ›Wie finde ich den richtigen Partner?‹ – willst du nicht dazu für die *Brigitte*-Edition ein Buch schreiben?« Mehr aus Höflichkeit sagte ich: »Ja, warum eigentlich nicht?«, in der stillen Hoffnung, dass Marita unser Gespräch auf dem Redaktionsflur schnell vergessen würde und nicht wieder auf das Thema zurückkäme. Aber sie vergaß es nicht. Und da ich so erzogen bin, dass man seine Versprechen hält, saß ich wenig später an dem Manuskript zu *Den richtigen Mann finden*. Nachdem Marita mir zu den ersten Seiten noch ein paar gute Tipps gegeben hatte, war der Knoten geplatzt. Ich schrieb und schrieb. Und hatte meine liebste Aufgabe gefunden.

Bleiben Sie offen für das Unerwartete

Für unsere noch unerfüllten großen Wünsche können wir aus unseren Erfahrungen mit Koinzidenzen einiges ableiten. Sie lehren uns, dass wir die Erfüllung nicht zu verbissen angehen sollten, sondern außer unseren gezielten Aktivitäten auch Vertrauen in den Zufall setzen dürfen. Allerdings ist die Lage für die großen, bedeutenden Wünsche dabei komplexer als für die kleinen. Während es sich bei den alltäglichen Sehnsüchten empfiehlt, eine präzise Vorstellung zu entwickeln, ist es bei den großen wichtig, dass Sie sich nicht im Vorhinein zu sehr begrenzen. Es macht eben einen Unterschied, ob Sie ein Paar Stiefel suchen (kleiner Wunsch) oder einen Partner (großer Wunsch). Bestehen Sie bei der Suche nach einem Partner nicht darauf, dass er blaue Augen haben muss, selbst wenn Sie blaue Augen schöner finden als braune. Es reicht, wenn Sie die für Sie unverzichtbaren Eigenschaften im Auge behalten, etwa die Körpergröße, Treue, Familiensinn oder ähnliche Vorstellungen davon, wie Sie Ihr Zusammensein gestalten wollen. Darüber hinaus sollten Sie offen bleiben.

Regine, 39, Lehrerin für Kunst und Englisch, ist seit sechs Jahren geschieden und wünschte sich seit längerem wieder einen Partner. Obwohl sie auf Fortbildungen und Festen bewusst danach Ausschau hielt, hatte sie ihren Traummann noch nicht gefunden. Sie hatte feste Vorstellungen davon, wie er aus-

sehen soll: groß, schlank, blond, ein bisschen unkonventionell, ein Künstlertyp. Bisher war ihr so einer allerdings trotz intensiver Bemühungen nicht über den Weg gelaufen.

An einem Nachmittag schleppte Regine in der Bibliothek einen Stapel Bücher an ihren Platz. Dabei hatte sie zu viele auf einmal gegriffen, sodass der oberste Band herunterrutschte. Robert hob ihn auf und reichte ihn ihr. Optisch war er überhaupt nicht Regines Typ: ein bisschen dick, eine Tendenz zur Glatze und ein gediegenes Outfit. Aber er hatte ein sympathisches Lächeln und eine gewinnende Art. Sie kamen ins Gespräch und gingen zusammen einen Kaffee trinken. Heute sagt Regine: »Ich hätte nie gedacht, dass ich Bauch so kuschelig finden würde. Und seine Kleidung – irgendwie passt sie zu seiner ruhigen Persönlichkeit.« Regine ist verliebt. Nach ihrem strikten Wunschzettel wäre Robert durchs Raster gefallen.

Offenzubleiben bewährt sich auch in anderen Situationen, etwa bei der Suche nach einer Arbeitsstelle, einer Wohnung, neuen Freunden oder auch beim Thema Gesundheit. Also, hier die Faustregel: An unverzichtbaren Eigenschaften festhalten, den Rest dem Zufall überlassen. Unter diesen Voraussetzungen können Sie dann den nächsten Schritt tun.

Schaffen Sie Gelegenheiten

Für große und kleine Wünsche sollten Sie alles tun, um den Zufall anzulocken. Dazu dienen vor allem folgende Aktivitäten:

Tipps

- _Knüpfen Sie Kontakte. Je größer Ihr Netzwerk, desto besser._

- _Streuen Sie, was Sie sich wünschen. Erzählen Sie möglichst vielen Menschen, was Sie gerne hätten._

- _Gehen Sie regelmäßig da hin, wo Sie die Erfüllung Ihrer Wünsche am ehesten erwarten._

Auf diese Weise erhöhen Sie Ihre Chancen, dass es klappt. Schließlich klingelt der Personalchef Ihrer Traumfirma nicht unbedingt an Ihrer Haustür. Aber vielleicht sitzt seine Assistentin neben Ihnen auf der Hochzeit Ihrer Cousine. Sie kommen miteinander ins Gespräch und finden sich sympathisch. Beiläufig erzählen Sie, dass es schon lange Ihr Wunsch ist, für die Firma XY zu arbeiten – und Bingo! Die nette Dame vermittelt für Sie bei ihrem Boss.

Sie glauben gar nicht, wie dicht Sie oft schon an Ihrem Wunschziel sind. Kürzlich wartete ich auf eine befreundete Redakteurin im Foyer des Axel-Springer-Hauses. In meiner Nähe warb ein junger Mann an einem Tisch Abonnenten für eine Zeitschrift, von der ich noch nie gehört hatte. Der Titel mutete seltsam an: *Human Globaler Zufall*. Auf meine Nachfrage erläuterte er mir das Konzept des Blattes: Jede Ausgabe führt mit sechs Reportagen einmal um den Globus. Das ist an sich ja noch nichts Besonderes, Ähnliches bietet schließlich jede gute Reisezeitschrift. Ungewöhnlich ist aber, dass die Reportagen nach dem Schneeballprinzip vom Zufall gesteuert werden. In einem Heft zum Beispiel war der Ausgangspunkt Berlin. Der Berliner kannte einen interessanten Brasilianer, der Brasilianer war mit einem Engländer befreundet, der seinerseits für die nächste Reportage einen Freund aus Kamerun vorschlug. Dieser vermittelte einen Bekannten in Palästina, und der gab eine Adresse in Kopenhagen weiter. Der rote Faden endete schließlich wieder in der deutschen Hauptstadt. In sechs Etappen einmal fast um den Erdball – ein originelles Konzept für eine Zeitschrift. Die Grundidee der sechs Schritte ist allerdings nicht neu: Schon in den sechziger Jahren postulierte der amerikanische Sozialpsychologe Stanley Milgram, dass jeder Mensch jeden anderen über nur sechs Ecken kennt. Sie brauchen demnach nur sechs Leute, um einen Prominenten Ihrer Wahl zu kontaktieren. Probieren Sie doch mal im Geiste aus, ob Sie auf diese Weise vielleicht mit dem russischen Präsidenten oder mit dem Papst Kontakt bekämen. Ich habe es getestet und war zu meinem Erstaunen in sechs Schritten im Weißen Haus. Man nennt Milgrams Erkenntnis auch »Das Kleine-Welt-Phänomen«.

Auf unsere Wünsche angewandt heißt das: Wir erreichen die dafür wichtigen Personen leichter als wir annehmen. Indem Sie streuen, was

Sie bekommen oder erreichen möchten, und nachfragen, ob Ihr Gegenüber vielleicht jemanden kennt, der dafür etwas tun könnte, bewegen Sie sich schneller auf die Erfüllung Ihres Wunsches zu. Die Regel hierzu heißt: Seien Sie nicht schüchtern, machen Sie den Mund auf, und sagen Sie, was Sie wollen.

Bereiten Sie die Erfüllung Ihrer Wünsche vor

Florence Scovel Shinn, eine überzeugte Vertreterin des Positiven Denkens, riet denjenigen, die zur Beratung kamen, dass sie vorab die besten Bedingungen für ihre Wünsche schaffen sollten, auch wenn deren Erfüllung noch nicht in Sicht war. Sie nannte das nach einer biblischen Geschichte »Wassergräben graben«. Im Alten Testament wurde ein Prophet von Gott angewiesen, noch während der Dürreperiode Gräben auszuheben. Auf diese Weise war er vorbereitet, als der befruchtende Regen kam. Andernfalls wäre das Wasser spurlos im Boden versickert. Ein kluger Rat, dessen Wichtigkeit ich nur bestätigen kann.

Eine Klientin kam zum Coaching mit dem Wunsch, endlich einen Partner zu finden. Ich fragte sie, ob sie sich denn auch ohne einen Mann wohlfühlte, zum Beispiel bei sich zu Hause. Damit hatte ich ins Schwarze getroffen. Sie beschrieb ihre Wohnung als ein einziges Chaos. Als Stewardess war sie viel unterwegs. Wenn sie frei hatte, war sie zu müde oder hatte keine Lust, sich mit Aufräumen zu beschäftigen. Einige Umzugskartons standen schon seit zwei Jahren unausgepackt im Flur. Zeitschriften, die sie irgendwann noch mal lesen wollten, verstopften die Regale. Ein alter Teppich sollte längst entsorgt werden, lag aber immer noch auf dem Boden. »Meinen Sie, dass ein Mann gerne zu Ihnen nach Hause kommt?«, fragte ich. »Ich glaube, ich würde ihn bei der Unordnung gar nicht erst reinlassen.«, gab sie zu. Mein Programm für sie sah denn auch etwas anders aus, als sie wohl erwartet hatte. Als ersten Schritt zu einer glücklichen Partnerschaft sollte sie ihre Wohnung aufräumen. Das leuchtete ihr durchaus ein. Wenig später bekam ich von ihr eine E-Mail:»Ich habe schon mächtig ausgemistet. Und ich freue mich darauf, in meiner ›neuen‹ schönen Wohnung mit einem Mann zusammen zu sein. Bis das so weit ist, genieße ich sie aber auch allein.«

Es geht gar nicht nur um das äußere Vorbereiten, sondern vor allem darum, dass sich dadurch auch innerlich etwas tut. Indem Sie äußerlich die nötigen Voraussetzungen schaffen, bekräftigen Sie Ihren Glauben daran, dass sich Ihr Wunsch erfüllen wird. Das kann in Ihnen eine große Vorfreude auslösen, die Sie beflügelt und die Erfüllung Ihres Wunsches anzieht. Oder Sie bringen sich damit selbst in einen notwendigen Zugzwang. Wie die Journalistin, die für ihren großen Wunsch, als Seminartrainerin zu arbeiten, ihren festen Job kündigte, obwohl sie erst ein paar Kurse bei der Volkshochschule sicher hatte. So war sie gezwungen, sich wirklich um Aufträge zu bemühen.

Überlegen Sie, was Sie tun müssen, um »Wassergräben« für Ihren Wunsch auszuheben. Müssen Sie für den Traum von einer Ferienwohnung in Spanien einen Sprachkurs machen, sich schon mal ein Nadelstreifenkostüm für Ihre Beförderung kaufen, die alten Möbel raussetzen, damit es Platz für neue gibt, auch wenn Sie sich die noch nicht leisten können? Tun Sie es. Damit locken Sie den Zufall und ungeahnte Möglichkeiten an.

Trainieren Sie Ihre Intuition

Den glücklichen Zufall für Ihre großen und kleinen Wünsche finden Sie kaum durch bloßes Nachdenken, die passende innere Aktivität ist Ihre Intuition. Sie wirkt manchmal magisch, doch sachlich betrachtet handelt es sich dabei um ein Wiedererkennen von Gelerntem.

In unserem Unterbewusstsein haben wir jede Menge Informationen über Menschen, Situationen und Dinge gespeichert, die wir blitzschnell über unsere rechte Gehirnhälfte abrufen können. Von daher lohnt es sich, dass Sie Ihre grauen Zellen zunächst mit möglichst vielen Details zu Ihrem Wunsch füttern. Surfen Sie im Internet, lesen Sie Sachbücher, lassen Sie sich von Fachleuten beraten, diskutieren Sie mit Freunden. Ihr gesammeltes Wissen wird Ihnen zwar nicht ständig bewusst sein, aber ihr Unterbewusstes vergisst nichts. Das ist das Material, aus dem dann die Intuition ihre genialen Hinweise stricken kann. Plötzlich sagt Ihnen eine innere Stimme: »Geh mal in dieses Antiquariat. Da findest du bestimmt das vergriffene Buch, dass du so gerne lesen möchtest.« Oder sie rät: »Schick deine Bewerbung lieber an die kleine Firma als an die große.« Sie drängt: »Frage doch deine Kollegin, ob sie sich mit dir selbstständig machen will.« »Ruf die Psychotherapeutin an, von der du den Artikel in der Zeitschrift gelesen hast. Die ist die richtige für dich.« Auf diese Weise kriegen Sie tatsächlich das Buch, einen wunderbaren Job, ein tolles Team oder eine wirkungsvolle Hilfe.

Wir alle besitzen Intuition, allerdings in unterschiedlichem Ausmaß. Falls Sie zur Fraktion der logischen Denkerinnen gehören und sich mehr Intuition wünschen, können Sie die mit einigen effektiven Übungen trainieren.

Ziehen Sie so oft wie möglich Vergleiche. Zum Beispiel: Die felsige Landschaft sieht aus wie ein Gemälde von Caspar David Friedrich, die alte Dame trägt ihre Handtasche wie Königin Elisabeth. Damit schulen Sie Ihr symbolhaftes Denken – eine wichtige Basis für Ihre Intuition. Denn die funkt ihre Botschaft gerne als Bild: Sie finden, der Makler, der Ihnen Ihre Traumwohnung in den höchsten Tönen anpreist, hat etwas von Marlon Brando in *Der Pate*? Dann sollten Sie sich den Mietvertrag sehr genau ansehen. Ihr Wunsch könnte ins Auge gehen.

Achten Sie auf Ihre Träume. Träume sind eine Variante der Intuition: Sie schicken uns Informationen, die wir im Wachzustand verdrängt haben. Etwa wenn die Kollegin, die tagsüber im Büro ganz reizend zu Ihnen ist, Ihnen im Schlaf die Akten klaut. Und so fördern Sie Ihre nächtliche Intuition: Stellen Sie vor dem Einschlafen gezielt eine Frage zu dem, was Sie in Bezug auf Ihren Wunsch beschäftigt. Etwa: Soll ich diesen Job übernehmen? Erwarten Sie die Antwort per Traum. Falls Sie sich morgens nicht mehr an Ihre Träume erinnern, achten Sie auf das Gefühl, mit dem Sie aufwachen. Sind Sie bedrückt? Oder glücklich? Auch das kann Ihnen einen Hinweis geben. Nutzen Sie den Nebeneffekt: Je besser Sie Ihre Träume entschlüsseln, desto versierter werden Sie auch tagsüber in puncto Intuition.

Schalten Sie ab. Sicher, die Intuition kann Sie mitten im Berufsverkehr oder beim Schlussverkauf erwischen. Aber die beste Voraussetzung ist ein entspannter Körper und ein unverkrampfter Geist. Lernen Sie eine Entspannungstechnik, wie autogenes Training, Yoga oder Meditation. Dann können Sie sich jederzeit in den gewünschten produktiven Ruhezustand versetzen. Ebenso gut ist, wenn Sie für ein Problem eine Lösung suchen und sämtliche dazu notwendigen Informationen sammeln. Anschließend denken Sie nicht mehr daran. Beschäftigen Sie sich mit anderen Dingen, joggen Sie, hören Sie Musik. In der Zwischenzeit arbeitet Ihr Gehirn im Untergrund weiter und spuckt das Ergebnis irgendwann aus.

Nehmen Sie Körperimpulse wahr. Intuition meldet sich auch über den Körper, zum Beispiel als Magendruck, Muskelverspannung oder allgemeines Unwohlsein, wenn Sie von etwas lieber die Finger lassen sollten, oder als Gänsehaut und Herzklopfen, wenn Sie sich positiv angesprochen fühlen. Verdrängen Sie diese Empfindungen nicht. Ihr Körper ist ein wunderbares Instrument, oft feiner gestimmt als Ihr Verstand. Horchen Sie in sich hinein und fragen Sie sich: »Wie fühle ich mich gerade?«

Setzen Sie kreative Methoden ein. Oft bringt uns Grübeln nicht weiter. Dann können wir uns unserem Problem oder unserem Wunsch über einen kreativen Umweg nähern. Malen Sie ein Bild zu Ihrem Thema. Dabei kommt es nicht auf Schönheit an, sondern nur darauf, dass Sie sich ausdrücken. Oder erfinden Sie eine kleine Geschichte. Wie würde etwa Ihre Wunscherfüllung als Märchen klingen? Oder als Filmplot?

Synchronizität – Achten Sie auf die Zeichen

Zufall und Intuition können wir auch verbinden, indem wir das, was wir sehen und hören, als wichtigen Hinweis betrachten. Dabei verknüpfen wir unseren inneren Zustand bewusst mit einem gleichzeitig stattfindenden Ereignis, das ursprünglich überhaupt nichts mit uns zu tun hat. Der Schweizer Psychologe C. G. Jung bezeichnete das als Synchronizität (griechisch für Gleichzeitigkeit). In puncto Wunscherfüllung hilft uns Synchronizität oft, wenn wir zwiespältig sind.

Sie stehen am Fenster und überlegen, ob Ihr Wunsch, für ein halbes Jahr ins Ausland zu gehen, wirklich sinnvoll ist. In dem Moment hält ein Lieferwagen vor Ihrem Haus, auf dem in großen Lettern die Werbebotschaft steht: »Wir sind weltweit erfolgreich.« Sie deuten das als Bestätigung dafür, dass Sie Ihren Auslandsaufenthalt wagen sollten. Oder: Sie fragen sich gerade, ob Sie nach einem heftigen Streit die Beziehung zu einer Freundin abbrechen oder sich wieder um Kontakt bemühen sollen. Eigentlich möchten Sie die Freundschaft erhalten, haben aber auch Ihren Stolz. Da setzt sich eine Taube auf Ihr Balkongitter. Sie interpretieren das als Wink des Himmels, sich zu versöhnen, und rufen Ihre Freundin an.

Synchronizität hat ein bisschen etwas von einem Orakel. Schließlich dient sie auch dem gleichen Zweck. Wie das Legen von Tarotkarten, Pendeln oder Münzenwerfen hilft sie uns, eine Entscheidung zu treffen, die wir mit bloßer Überlegung nicht so schnell herausbekommen. Dabei zwingt sie uns keineswegs zu etwas, was wir gar nicht möchten, sondern verstärkt eine bereits vorhandene Tendenz, die uns nur noch nicht bewusst ist. Beim Orakel lässt sich das besonders leicht erkennen. Fällt etwa die Münze bei der Frage »Soll ich mir das Kleid kaufen?« auf die »falsche« Seite, spüren Sie einen kleinen Stich der Enttäuschung. In diesem Sinne können Sie die Synchronizität benutzen, um festzustellen, wie Sie wirklich zu Ihrem Wunsch stehen.

Was steckt hinter glücklichen Zufällen?

Eines kann ich Ihnen jetzt schon voraussagen: Sie werden immer wieder erleben, dass sich Ihre großen und kleinen Wünsche durch ein ungeplantes Zusammentreffen erfüllen. Im Vergleich mit den gezielt über Leistung angestrebten Wünschen stehen die Chancen dafür mindestens fifty-fifty. Wie Sie diese Erfahrung allerdings bewerten, hängt ganz von Ihrer Einstellung ab. Wenn Sie ein sachlicher Mensch sind, der nur akzeptiert, was die Wissenschaft bewiesen hat, dann bezeichnen Sie die Erfüllung Ihres Wunsches als einen glücklichen Zufall. Damit befinden Sie sich in bester Gesellschaft mit vielen Naturwissenschaftlern. Vielleicht gehen Sie aber davon aus, dass alles vorherbestimmt ist, auch die Erfüllung Ihrer Wünsche – zumindest die der großen. Dann bekommt das, was Ihnen in diesem Bereich geschieht, das Etikett »Schicksal« oder »gutes Karma«. Oder Sie nehmen an, es gibt eine energetische Urkraft, die Sie »Universum« nennen und die automatisch jede Art von Wünschen erfüllt. Durch richtiges Wünschen haben Sie die Kontrolle darüber, was Ihnen das Universum liefert. Die Erfüllung Ihres Wunsches bestätigt Ihre gelungene »Bestellung beim Universum«. Als religiöser Mensch hingegen sind Sie davon überzeugt, dass eine höhere Macht Sie im Blick hat, Sie beschützt und leitet. Dann sprechen Sie von »göttlicher Führung« oder »Fügung«.

In welches dieser Systeme Sie die Erfüllung Ihrer Wünsche auch einpassen, und egal wie sehr Sie von seiner Richtigkeit überzeugt sind: Es handelt sich dabei in allen Fällen um eine Angelegenheit des Glaubens. Die Erforschung dessen, was (scheinbar) ungeplant geschieht, bringt uns an die Grenzen unseres Wissens. Es berührt die großen Rätsel der Menschheit, wie die Frage nach dem Beginn des Universums und der Entstehung des Lebens. Wir besitzen nicht genügend Informationen und unser Gehirn ist zu begrenzt, um das Phänomen »Zufall« bis ins Letzte zu durchschauen. Darüber zu spekulieren gehört in den Bereich der Metaphysik. Über das, was jenseits unseres Erfahrungshorizontes liegt, lässt sich nur spekulieren. Nennen Sie das, was Sie erleben, also gerne so, wie Sie möchten. Falls Sie wissen wollen, wo ich mich in dieser Reihe einordne: Ich halte es mit Albert Einstein, der die Ansicht vertrat: »Gott würfelt nicht.«

Dass der Zufall philosophisch gesehen zu einer Glaubenssache wird, ändert aber nichts an der Tatsache, dass wir jeden Tag ganz praktisch mit ihm leben müssen. Für Ihre Wünsche sollten Sie ihn sich deshalb zum guten Freund machen. Rechnen Sie mit dem Unerwarteten und nutzen Sie die Strategien, die Ihnen zur Verfügung stehen.

Überwinden Sie Ihre Angst

Die vielen positiven Möglichkeiten von »Ziele setzen« bis »Zufall nutzen« bilden den Schwerpunkt auf dem Weg zur Erfüllung unserer Wünsche. Trotzdem wäre es Augenwischerei, sich nur mit ihnen zu befassen. Zwar haben wir schon ganz zu Anfang unsere persönlichen Bremsen im Kopf gelöst, aber es bleiben noch ein paar allgemeine Hindernisse übrig, die wohl jeder von uns kennt. Meist tauchen sie erst kurz vor der Erfüllung auf und können tatsächlich noch in letzter Minute das ganze Wunschprojekt über den Haufen werfen. Das aber wäre wirklich fatal. Also krempeln Sie gegebenenfalls im Geiste die Ärmel auf, und räumen Sie auch noch diese letzten Blockaden aus dem Weg.

Eines der größten Hindernisse auf dem Weg zur Erfüllung unserer Herzenswünsche ist die Angst. Kein Wunder, denn große Wünsche sind meist mit einem persönlichen Risiko verbunden, das uns dazu bringt, unsere Komfortzone zu verlassen und Unbekanntes zu wagen. Es gibt eben keine Garantie, dass unser Mut am Ende auch mit Erfolg belohnt wird. Das lässt uns oft davor zurückschrecken, aktiv zu werden.

Lisa, 41, ist Redakteurin bei einer Frauenzeitschrift. Inzwischen geht ihr die Routine auf den Geist. Zum hundertsten Mal Bikini-Diät. Als freie Autorin könnte sie ihre Themen breiter fächern, vielleicht Reise-Themen mit hinzunehmen oder auch mal einen politischen Kommentar verfassen. Das wäre ihr großer Wunsch. Aber was ist, wenn sie als »Freie« keine Aufträge bekommt?

Syke, 36, möchte gerne ein Kind, schiebt aber eine Schwangerschaft immer wieder hinaus. Ihr jüngerer Bruder hat das Down-Syndrom. Syke weiß zwar, dass das keine Erbkrankheit ist und sie sich in dieser Hinsicht keine Sorgen zu machen braucht. Trotzdem lähmt sie der Gedanke, sie könnte ein behindertes Kind bekommen. Eine Abtreibung käme für sie als gläubige Katholikin nicht infrage.

Melanie, 47, geschieden, arbeitet als Ernährungsberaterin. Sie träumt von einer eigenen Wohnung. Vor kurzem sind die Mietswohnungen in ihrem Haus in Eigentumswohnungen umgewandelt worden. Als langjährige Mieterin besitzt Melanie das Vorkaufsrecht, man hat ihr ihre jetzige Wohnung zum Kauf angeboten. Melanie würde gerne zugreifen, denn sie fühlt sich in ihren Räumen und auch in ihrem Viertel sehr wohl. Etwas Eigenkapital hat sie auch. Doch was ist, wenn sie in den nächsten zehn Jahren nicht genug verdient? Dann würde man ihr die Wohnung pfänden und sie bliebe auf einem Schuldenberg sitzen.

Vielleicht sind Sie in einer ähnlichen Lage. Ihr Wunsch ist zwar stark, aber die Angst vor möglichen negativen Folgen hält Sie zurück. Sie wären froh, wenn Sie diese Angst los wären. Vor allem nervt das Hin und Her – heute sind Sie fest entschlossen, morgen haben Sie schon wieder kalte Füße. Eine Klientin sagte mir einmal: »Ich habe die Nase voll. Können Sie mir meine Angst wegmachen?«

Bitte auf die Lücke achten!

Wenn Sie in London mit der U-Bahn fahren, hören Sie es regelmäßig beim Ein- und Aussteigen. Durch den Lautsprecher warnt eine Frauenstimme: »Please mind the gap« – »Achten Sie bitte auf die Lücke«. Gemeint ist, dass Sie als Fahrgast darauf achten sollen, dass zwischen dem Trittbrett des Waggons und dem Bahnsteig ein Spalt klafft. Beim Ein- und Aussteigen müssen Sie aufpassen, dass Sie nicht in den Spalt treten und sich möglicherweise gefährlich verletzen. Ich finde, die Aufforderung hat Symbolwert. Wann immer wir von einem gewohnten Zustand in einen veränderten wechseln, gibt es ein »Gap«, eine Lücke, die Risiken birgt – wir wissen noch nicht, wie gut wir das Neue bewältigen. Leider können wir nicht, wie in der U-Bahn, mit einem entsprechend großen Schritt darüber hinweggehen. Wir müssen uns mit dieser Lücke zwischen Vertrautem und Unvertrautem auseinandersetzen. Und sie löst vor allem ein Gefühl aus: Angst.

Bevor wir jedoch die Angst als lästige Wunschbremse verteufeln, sollten wir uns erst einmal bewusst machen, welche Aufgabe sie überhaupt in unserem Leben hat. Erst dann können wir souverän entscheiden, wie wir mit ihr umgehen wollen. Also schließen Sie bitte die Augen, wir machen als Erstes einen geistigen Ausflug in den *Jurassic Park*.

Die Funktion der Angst

Vor Millionen Jahren, als unsere Vorfahren noch in Höhlen hausten, waren Gefühle für sie überlebensnotwendig. Ohne Klauen und Reißzähne überlebte der schwache Mensch nur mithilfe seines inneren Alarmsystems. Das teilte ihm mit, wann er die Keule schwingen sollte und wann er besser so schnell wie möglich hinter den nächsten Felsblock sprang. Dank seiner gut funktionierenden inneren Warnlämpchen schaffte er es, wilde Tiere, Naturkatastrophen und Feinde aus der eigenen Gattung zu überleben. Sein SOS-System kannte zwei entscheidende Impulse: Angst bewegte ihn zur Flucht, Wut machte ihn fit zum Kampf. Beide Male handelte es sich um einen physiologischen Vorgang, bei dem das Nervensystem unabhängig von bewusster Kontrolle reagiert. Viel Zeit zum Überlegen blieb unserem Urahn nämlich nicht, wenn plötzlich ein Säbelzahntiger vor ihm auftauchte. Wir, die Nachfahren dieser Überlebenskämpfer, tragen das sensible Warnsystem noch immer in uns. Es reagiert automatisch, vor allem bei existenzieller Bedrohung: Wenn wichtige Lebensbereiche, etwa Arbeit, Liebe oder Gesundheit, gefährdet sind, empfinden wir starke Angst. Doch wir spüren sie nicht nur bei tatsächlicher Gefahr. Unsere bloße Vorstellungskraft löst den gleichen Effekt aus wie eine reale Bedrohung. Besonders Neues und Unbekanntes erscheint uns gefährlich, weil wir nicht abschätzen können, was auf uns zukommt. Weil viele Wunschziele mit solchen Unwägbarkeiten verbunden sind, sind sie angstbesetzt.

Zum Glück sind wir der Angst heute nicht mehr auf Gedeih und Verderb ausgeliefert. Seit unsere Vorfahren durch die Wälder streiften, hat sich unser Gehirn entscheidend weiterentwickelt. Unsere für Angst zuständigen Regionen, das limbische System und der Mandelkern, sind mit unserem Neocortex, dem Sitz des Denkens, verbunden. Deshalb ist es möglich, das elementare Gefühl der Angst über das Denken zu beeinflussen. Allerdings geht es nicht darum, die Angst gewaltsam zu unterdrücken. Abgesehen davon, dass uns das kaum gelingen wird, wäre es auch unklug. Angst hat die Aufgabe, uns wachsam zu machen, damit wir die eventuelle Gefährlichkeit einer Situation wahrnehmen. Doch sobald unsere Aufmerksamkeit geweckt ist und wir uns sämtliche Details der bedrohlich erscheinenden Situation bewusst gemacht haben, hat die Angst ihren Zweck erfüllt. Nun könnten wir das Warnlämpchen im Gehirn ausknipsen und sachlich überlegen:

Checkliste

○ Wollen wir unser Wunschziel aufgeben, weil es wirklich gefährlich ist?

○ Erkennen wir, dass unsere Ängste im Blick auf unseren Wunsch überflüssig sind?

○ Müssen wir uns nur besser schützen oder vorbereiten?

Ihr Wunsch ist wirklich gefährlich

Sehen wir den Tatsachen ins Auge: Bei manchen Wünschen ist Ihre Angst absolut berechtigt. Die Möglichkeit, dass Sie scheitern und fatale Folgen tragen müssen, ist außerordentlich hoch. Meist werden Sie darauf schon im Vorfeld hingewiesen.

● Personen aus Ihrer Umgebung, die normalerweise nicht ängstlich sind und keine Vorurteile haben, raten Ihnen ab.

- Fachleute warnen dringend davor.

- Die Statistik weist eine hohe Wahrscheinlichkeit im negativen Bereich aus, etwa hinsichtlich der Todesrate oder Kriminalität.

- Man hört überdurchschnittlich häufig davon, dass Menschen dabei verunglücken, sich finanziell ruinieren oder erkranken.

Beschuldigen Sie mich ruhig, ich sei ein Feigling, hätte kein Vertrauen ins Universum und würde Ihre Fähigkeiten unterschätzen – von wirklich gefährlichen Wünschen möchte auch ich Sie abhalten. Wenn etwa das Ziel Ihrer Sehnsucht in einer Region liegt, vor deren Besuch das Auswärtige Amt dringend warnt, belassen Sie es lieber beim Träumen. Sie spielen sonst mit Ihrem Leben. Die Schwester einer meiner Freunde ignorierte sämtliche Warnungen. Wie das Kind, das im Wald pfeift, gab sie sich mutig. »Seid doch nicht so negativ. Mir passiert schon nichts.« Mit Rucksack und Fotoausrüstung brach sie allein zu einem Abenteuerurlaub nach Südafrika auf und wurde Opfer eines Raubüberfalls.

Auch Wünsche, deren Erfüllung Ihre Gesundheit massiv gefährden könnte, wie etwa einmal einen Bungee-Sprung von der Golden-Gate-Bridge ohne Genehmigung zu wagen, sollten Sie sich lieber versagen. Es könnte Ihnen passieren, dass Sie am Seil gegen die Pfeiler schleudern und sich sämtliche Knochen brechen. Oder wenn Sie sich im Internet ein stark mit Nebenwirkungen belastetes Medikament bestellen, um auf Ihr Wunschgewicht zu kommen – Schädigungen Ihrer Organe sind ein paar Kilos weniger ganz gewiss nicht wert. Zu den »Liebernicht-Wünschen« gehören auch solche, die mit unzuverlässigen oder gar gefährlichen Menschen zu tun haben. Wenn Ihre Intuition Sie spüren lässt, dass mit Ihrem Gegenüber etwas nicht stimmt, sollten Sie Ihre inneren Warnsignale unbedingt beachten. Ein überhebliches oder sorgloses »Ich kriege das schon in den Griff« hat sich leider schon häufig als Fehleinschätzung erwiesen, und auch die Liebe ist in solchen Fällen kein Allheilmittel.

Wie bei Ina, 31, Apothekerin. Sie war bis über beide Ohren in Lars verliebt und wollte ihn unbedingt heiraten. Obwohl sie wusste, dass er spielsüchtig war und eine Therapie rundweg ablehnte. Sie beschwichtigte ihre besorgte Mutter und ihre Freundinnen, aber vor allem ihre eigenen Ängste. Lars und Ina heirateten sinnigerweise in Las Vegas. Schon während der Flitterwochen begann für Ina der Stress. Nach nur drei Jahren Ehe ist sie inzwischen geschieden. Für die nächsten Jahrzehnte darf sie Kredite abzahlen.

Wenn Sie es trotzdem tun wollen

Nun gut, Sie müssen es selbst wissen. Schließlich gibt es immer Menschen, die sich auch von realen Gefahren nicht abschrecken lassen.

Der Bergsteiger Reinhold Messner ist so ein Typ. Bei seinen Klettertouren nahm er die Möglichkeit, nicht lebend wieder herunterzukommen, in Kauf. Er bezahlte die Erfüllung seines Wunsches unter anderem mit abgefrorenen Zehen und dem quälenden Bewusstsein, dass er seinen Bruder, der mit ihm geklettert war, nicht hatte retten können.

Ein anderes Musterbeispiel dafür, dass der Wunsch stärker sein kann als die drohende Gefahr, ist der Survival-Guru Rüdiger Nehberg. Zu seinen Herzenswünschen zählte es offenbar, per Tretboot über den Atlantik zu schippern und sich ohne Ausrüstung im brasilianischen Regenwald aussetzen zu lassen. Auf seiner Homepage begrüßt er die Besucher entsprechend: »Herzlich willkommen! Irgendwie bin ich ein Glückspilz! Weil ich noch immer lebe.«

Wenn Sie trotz eines hohen Risikos nicht auf Ihren Wunsch verzichten möchten, sollte Ihnen klar sein: Ihr wahres Bedürfnis ist es, eine Grenzerfahrung zu machen. Falls Sie meinen, dass könnten Sie nur auf diese Weise, dann beherzigen Sie wenigstens die Regel aller Abenteurer: Bereiten Sie sich optimal vor.

Ihre Angst ist überflüssig

Im Gegensatz zu den wirklich gefährlichen Wünschen gibt es auch solche, deren Weg zur Erfüllung kein echtes Gefahrenpotenzial enthält.

Wir bilden uns die drohenden Konsequenzen nur ein und versetzen uns selbst in Angst und Schrecken. In unserer Fantasie entwickeln wir ein so lebhaftes Drama, dass Shakespeare vor uns in die Knie gehen würde.

Ein gutes Beispiel dafür ist das Lampenfieber. Allein dadurch, dass wir uns Probleme vorstellen, blockieren wir uns körperlich und geistig.

Vor meinem ersten großen Vortrag konnte ich nächtelang nicht schlafen. Was, wenn sich die Zuhörer langweilten oder wenn sie kritische Zwischenrufe machen würden, auf die ich nicht reagieren könnte? Mein Hausarzt riet mir: »Nehmen Sie eine halbe Tablette Valium.« Vorsorglich hatte ich jedes einzelne Wort in meinem Manuskript ausgeschrieben, es waren so an die 20 getippte Seiten. Mit weichen Knien trat ich ans Rednerpult. Doch keine meiner Befürchtungen trat ein. Im Gegenteil, nach dem Vortrag sprachen mich viele freundlich an.

Die häufigsten Ursachen für das Horrorkabinett in unserem Kopf sind soziale Ängste und geringes Selbstvertrauen. Wir fürchten, dass man uns ablehnt. Oder wir glauben, unsere Fähigkeiten würden für unser Wunschziel nicht ausreichen. Was speziell hinter Ihrer Angst steckt, finden Sie schnell heraus, indem Sie Ihrem inneren Selbstgespräch lauschen. Vielleicht hören Sie Aussagen wie:

- Alle werden mich auslachen.
- Keiner spricht mit mir.
- Ich verliere plötzlich mein gesamtes Wissen.
- Ich werde ohnmächtig.
- Ich blamiere mich ganz schrecklich.
- Ich werde nichts verstehen.
- Alle sind gegen mich.
- Mir fällt nichts mehr ein.

Wenn Sie sich Ihre Sätze einmal genau anschauen, werden Sie feststellen: Ihre Schwarzmalerei ist radikal und übertrieben. Dass Sie in der Computer-Fortbildung *gar nichts* kapieren werden, ist unwahrscheinlich. Sie werden wahrscheinlich nicht gleich alles verstehen, aber dann können Sie ja fragen oder nacharbeiten. Dass Sie trotz bester Vorbereitung bei der Präsentation oder Prüfung ein völliges Blackout haben,

wird auch kaum vorkommen. Allenfalls sind Sie am Anfang schrecklich aufgeregt, aber Ihr Gehirn lässt Sie bestimmt nicht die ganze Zeit
über komplett im Stich.

Die folgenden Tipps haben sich als Methode bewährt, das innere
Drama abzumildern. Vielleicht hilft es auch Ihnen, sich wieder auf
den Weg zurück in die Realität zu begeben.

Tipp

- **Reden Sie sich selbst gut zu.** *Angenommen, Ihre Teenager-Toch-
ter hat sich für eine Klassenarbeit intensiv vorbereitet. Das Fach
liegt ihr zwar nicht, aber sie hat getan, was sie konnte. Was sagen Sie ihr, bevor sie sich auf den Weg zur Schule macht? Etwa:
»Schätzchen, das geht bestimmt daneben! Die Aufgaben werden
garantiert so schwer, dass du sie nicht packst. Wahrscheinlich
kriegst du keine einzige hin. Ich bin sicher, das wird eine glatte
Fünf.« Wohl kaum. Sie ermutigen sie vielmehr: »Mach dir keine
Gedanken. Du hast gut gelernt, mehr kannst du nicht tun. Gib
einfach dein Bestes, das reicht völlig aus.« Warum sollten Sie
sich selbst schlechter behandeln als Ihre Tochter oder eine gute
Freundin? Beruhigen Sie sich auf liebevolle Art.*

Tipp

- **Sprechen Sie mit Menschen in Ihrem Umfeld über Ihre Ängste.**
*Andere haben meist einen klareren Blick auf uns als wir selbst.
Das gilt besonders, wenn wir dazu neigen, unsere eigenen Fähigkeiten zu unterschätzen. Fragen Sie ehrliche Freunde oder Kolleginnen, denen Sie persönlich und fachlich vertrauen können:
»Traust du mir das zu?« »Meinst du, ich kann das?« Und wenn
sie Ihnen etwas Positives sagen, dann glauben Sie es bitte. Versuchen Sie nicht, im Gegenzug eifrig zu beweisen, dass man Sie
völlig falsch beurteilt.*

Tipp

- *Verwandeln Sie Sorgen in Sorgfalt.* *Picken Sie sich die Punkte heraus, vor denen Sie sich speziell fürchten, und bereiten Sie sich darauf besonders vor. Das gibt Ihnen mehr Sicherheit. Falls Sie zum Beispiel Angst haben, dass man Ihren Vortrag durch kritische Zwischenrufe stört, dann machen Sie sich mithilfe entsprechender Rhetorikbücher schlau, wie man damit umgeht. Wenn Sie sich ausmalen, dass die Kellner im Hotel Ritz-Carlton Sie von oben herab behandeln, weil Sie nicht so genau wissen, wie man komplizierte Speisen isst, dann präparieren Sie sich eben mit einer Benimm-Fibel.*

Auf keinen Fall sollten Sie sich durch überflüssige Ängste blockieren lassen. Was wir befürchten, tritt nämlich meist gar nicht ein. Kürzlich las ich einen schönen Satz von Woody Allen: »Bei allem, was passieren könnte, ist es doch erstaunlich, wie wenig passiert.« Der amerikanische Psychotherapeut Gary Emery vertritt die gleiche Ansicht. Er benutzt ein Sparschwein, um seinen überängstlichen Klienten das konkret zu beweisen. Sobald sich jemand mit unnötigen Ängsten lahmlegen will, wettet Emery mit ihm um einen Dollar, dass das, was er befürchtet, nicht geschieht. Das Schwein in seiner Praxis ist immer prall gefüllt.

Wenn Ihre Angst begründet ist – Wünsche mit gewissem Risiko

Die wirklich gefährlichen Wünsche und diejenigen, bei denen Angst ziemlich überflüssig ist, haben wir bereits aussortiert. Bleibt noch die große Gruppe der Wünsche, die ein gewisses Risiko bergen, bei denen aber unsere Chance zum Erfolg fifty-fifty steht. Da wir nicht in die Zukunft schauen können, wissen wir nicht, wie für uns die Würfel fallen werden. Das Unwägbare macht uns Angst und hindert uns oft genug daran, aktiv zu werden.

Sie können nicht sicher sein, dass das kleine Cafe, das Sie eröffnen wollen, tatsächlich viele Gäste anzieht. Vielleicht kommt keiner und Sie sitzen allein zwischen Ihren Torten. Sie wissen nicht, ob es gutgeht, einen Mann aus einem fremden Kulturkreis zu heiraten; möglicherweise haben Sie auf die Dauer ziemliche Probleme. Sie haben keine Garantie, dass Sie immer genug verdienen werden, um die Eigentumswohnung abzubezahlen. Wenn Sie kündigen und sich als Galeristin selbstständig machen, ist fraglich, ob sich mit den von Ihnen angebotenen Kunstwerken genug Umsatz machen lässt – man hört ja immer wieder, dass Galerien schließen müssen, weil der Kunstmarkt so unbeständig ist. Und wenn Sie als Trainerin zum ersten Mal mit Führungskräften arbeiten, können Sie vorher nicht wissen, wie Ihre – hauptsächlich männliche – Zielgruppe reagiert: Manche Manager verhalten sich gegenüber Frauen im Job ablehnend.

Doch auch bei solchen Wünschen lässt sich gezielt etwas gegen die innere Lähmung tun. Mit rationalen Überlegungen können wir unsere Angst auf ein Mindestmaß beschränken und damit fast immer handlungsfähig werden. Eine wirkungsvolle Methode dazu stammt von Dr. Emery – dem mit dem Sparschwein in seiner Praxis. Er hat noch mehr zu bieten als nur diese lustige Idee. Zusammen mit seinem Kollegen James Campbell hat er eine geniale Formel entwickelt, mit der sich der individuelle Grad der Angst zunächst feststellen und dann verringern lässt.

Die (Anti-) Angstformel

In der Schule war ich nie gut in Mathematik, aber Emerys Formel liebe ich wie ein Mathematiker den Satz des Pythagoras. Mit ihr kann man nämlich ganz einfach den eigenen Angstpegel checken und sofort erkennen: »Moment mal, das ist aber übertrieben« oder: »Das ist wirklich eine heikle Situation, da muss ich etwas tun.« Die Formel lautet: Unbekanntes mal Bedeutung gleich Grad der Angst.

Im Folgenden erfahren Sie Schritt für Schritt, wie Sie diese Formel auf Ihren Wunsch anwenden können.

Berechnen Sie Ihr Wunschziel mit der Angst-Formel

Schreiben Sie hier bitte zunächst Ihren Wunsch auf: . . . .

. . . .

. . . .

. . . .

Übung

1. Schritt: *Schätzen Sie das Unbekannte
auf einer Skala von 0 bis 10 ein*

Je weniger Sie über die zukünftige Situation wissen, die mit Ihrem Wunsch zusammenhängt, desto höher ist logischerweise Ihr Punktwert für das Unbekannte. Um ihn richtig einzuschätzen, fragen Sie sich:

● Was weiß ich bereits darüber?
● Welche Fähigkeiten habe ich, die mir dabei nutzen können?
● Welche Kenntnisse bringe ich mit, um damit fertig zu werden?

Stellen Sie sich vor, Sie sollen im Zoo mit bloßen Händen in das Terrarium mit den Giftschlangen greifen. In dem Fall wäre der Unbekanntheitsfaktor enorm hoch, schätzungsweise volle zehn Punkte. Schließlich haben Sie keine Ahnung, wie sich die Reptilien verhalten.

Anders liegen die Dinge, wenn Sie eine Schlangenexpertin sind. Kürzlich sah ich in einer Tierdokumentation eine King Brown, eine der giftigsten Schlangen der Welt. Ein Biss von ihr tötet einen Menschen in drei Sekunden. Der Experte, ein kleiner dicker Mann im Khakianzug, fasste sie mit einer Hand am Schwanzende, hielt sie auf Armeslänge von sich weg und ließ sie lässig herunterbaumeln. Während die King Brown wütend züngelte, erläuterte er ganz entspannt: »Sie hat nicht genug Kraft, um sich hochzuwinden.« Dem Mann würde ich höchstens zwei Punkte in Sachen »Situation unbekannt« geben.

Je mehr Sie wissen, desto niedriger schätzen Sie das Unbekannte ein. Das gilt nicht nur für tödliche Vipern, sondern auch für Ihr Wunschziel. Tragen Sie also bitte Ihren Punktwert für das Unbekannte ein:

....

2. Schritt: *Schätzen Sie die Bedeutung auf einer Skala von 0 bis 10 ein*

Eine ebenso entscheidende Rolle spielt, welche Bedeutung die zukünftige Situation für Sie hat.

Fragen Sie sich für den zweiten Teil der Formel:

- Wie wichtig ist es für mich, dass ich mein Ziel erreiche?

- Welche Bedeutung hat es für mein Glück, meine Gesundheit, mein Selbstbild, mein Lebensziel?

- Wie sehr ist meine Existenz bedroht, wenn es schiefgeht?

Falls Sie unvorbereitet in ein Schlangennest fassen sollen, liegt die Bedeutung garantiert bei 10. Ein schneller Biss, und aus ist es mit Ihnen. In anderen Fällen ist das nicht so eindeutig. Der Punktwert hängt davon ab, worum es für Sie persönlich geht.

Nehmen wir mal an, Sie haben sich bereit erklärt, im Kindergarten auf dem Elternabend einen kleinen Vortrag über gesunde Ernährung zu halten. Wenn Sie nur locker ein paar Fakten vermitteln wollen, bekommt die Situation von Ihnen etwa drei Bedeutungspunkte. Wollen Sie damit bei den anderen Eltern richtig Eindruck schinden, erhöhen Sie möglicherweise auf fünf. Möchten Sie sich damit für eine Stelle als Erzieherin empfehlen, geben Sie Ihrem Auftritt gewiss acht

Punkte. Sie sehen, die Punktzahl hängt ganz von Ihrer subjektiven Einschätzung ab.

Notieren Sie Ihre Punktzahl für die Bedeutung Ihres Wunschzieles:

....

3. Schritt: *Multiplizieren Sie die beiden Werte miteinander*

Sie haben zwei Zahlenwerte zwischen 0 und 10 gefunden. Einer steht für Unbekanntheit, der andere für Bedeutung. Diese beiden Werte multiplizieren Sie nun miteinander. Als Beispiel: Angenommen, Ihr Punktwert für Unbekanntheit liegt bei sieben und der für Bedeutung bei vier. Dann ist der Grad Ihrer Angst 7 mal 4 = 28.

Tragen Sie hier Ihre Multiplikation ein:

....

Das Ergebnis messen Sie nun an der höchstmöglichen Punktzahl 100 (10 mal 10). Je niedriger es ist, desto weniger Angst haben Sie. Je höher es ist, desto höher ist auch Ihre Angst. Sie können intuitiv beurteilen, ob Sie Ihren Wert als hoch oder niedrig empfinden, oder Sie benutzen dazu meine kleine Auswertungstabelle:

0 – 19	Punkte:	maßvolle Angst
20 – 39	Punkte:	gesteigerte Angst
40 – 59	Punkte:	starke Angst
60 – 79	Punkte:	extreme Angst
80 – 100	Punkte:	Panik

Sie haben die Rechnung durchgeführt und dabei für Ihr Wunschziel einen hohen Grad der Angst erreicht? Das macht nichts. Die Stärke Ihrer Angst ist keineswegs ein für alle Mal festgeschrieben, sondern kann von Ihnen verändert werden. Dazu trägt die Formel schon die Lösung in sich. Sehen Sie sich doch einmal die beiden Faktoren genauer an, aus denen sie sich zusammensetzt. Jeder enthält einen praktischen Ansatz, Ihre Angst zu vermindern: Die Unbekanntheit verringern Sie durch mehr Information, die Bedeutung minimieren Sie, indem Sie die Situation weniger wichtig nehmen.

Und so bekommen Sie das hin:

4. Schritt: *Informieren Sie sich über das Unbekannte*

Wovor Sie sich auch immer fürchten, bemühen Sie sich, mehr darüber zu erfahren. Damit haben Sie die Chance, gefühlsmäßig eine King Brown in eine harmlose Blindschleiche zu verwandeln.

Angenommen, Ihr großer Wunsch ist es, als Texterin in einer Werbeagentur zu arbeiten. Ihre Bewerbung war erfolgreich, man lädt Sie zum Vorstellungsgespräch ein. Nach kurzem Jubelschrei kriecht in Ihnen die Angst hoch. Was ist, wenn Sie es vergeigen? Und überhaupt, Ihre Mitbewerberinnen sind sicher viel kreativer. Ihr Angstpegel zittert sich bei einem hohen Punktwert ein. Am liebsten möchten Sie gar nicht hingehen, dann ersparen Sie sich wenigstens die Blamage.

Stopp! Hier greift der erste Teil der Gegenstrategie: Sie erhöhen Ihr Wissen über das Unbekannte. Um die Struktur und die beworbenen Produkte der Agentur näher kennen zu lernen, sehen Sie sich deren Website genau an. Dabei informieren Sie sich auch über den Dresscode, damit Sie passend gekleidet sind. Dann präparieren Sie Antworten auf sämtliche heiklen Fragen, die kommen könnten. Schließlich testen Sie, wie lange Sie für den Weg zum Treffpunkt brauchen, damit Sie pünktlich dort sind.

Wetten, dass Sie mit diesem Know-how den Grad der Unbekanntheit mindestens um die Hälfte drücken? Und nun zum nächsten Teil der Formel.

5. Schritt: *Schrauben Sie die Bedeutung zurück*

Jetzt fahren Sie die Wichtigkeit der Situation herunter. Je weniger entscheidend die für Sie ist, desto gelassener sind Sie. Und je gelassener Sie sind, desto mehr stehen Ihnen Ihre Fähigkeiten zur Verfügung. Dabei helfen Ihnen ein paar wirkungsvolle mentale Techniken:

Vergleichen Sie das, was Ihnen bevorsteht, mit Ereignissen in der Vergangenheit. Sicherlich war die Geburt Ihres Kindes tiefgreifender als das Vorstellungsgespräch, vor dem Sie sich fürchten. Und Sie haben schon schwierigere Aufgaben gemeistert, etwa als Sie damals ganz alleine als Au-pair nach Paris gegangen sind.

Machen Sie sich bewusst, dass schon allein Ihr Versuch, sich einer angsteinflößenden Situation zu stellen, einen Orden verdient. Auch wenn es danebengeht, Sie können in jedem Fall stolz auf sich sein. Die meisten Menschen sitzen nur bequem auf dem Sofa und tun keinen Schritt aus ihrer Komfortzone heraus. Sie dagegen riskieren etwas.

Sagen Sie sich: In fünf Jahren kräht kein Hahn mehr danach. Was für Sie jetzt von höchster Bedeutung ist und Sie in Angst versetzt, ist vielleicht schon bald Schnee von gestern. Überlegen Sie: Wie oft haben Sie sich aufgeregt, und es ist dann nur halb so schlimm geworden, oder es hat sich ein unerwarteter Ausweg gezeigt, mit dem Sie gar nicht gerechnet haben?

Last but not least ist es auch entlastend, wenn Sie einen Plan B entwickeln für den Fall, dass es tatsächlich schiefgeht. Mit einer Alternative in der Tasche können Sie die Herausforderung viel entspannter angehen. Eine Freundin von mir sagte wild entschlossen: »Wenn ich den Job nicht kriege, dann verkaufe ich eben meine selbst gekochte Marmelade.«

Die Rest-Angst bewältigen

Mit der Formel haben Sie ein praktisches Instrument, um Ihre Angst zu überprüfen und zu reduzieren. In vielen Fällen wird durch mehr

Information und durch eine schwächere Bedeutung das »Gap« so klein, dass Sie sich trauen, es zu überqueren. Es kann aber auch sein, dass sich die Lücke zwischen Ihrem gegenwärtigen Zustand und dem Unbekannten zwar durchaus verringert hat, Sie sich aber trotzdem noch zu unsicher fühlen, um Ihrem Wunsch nachzugeben. Sie quälen sich weiterhin mit der Frage: »Soll ich oder soll ich nicht?« Sie möchten auf keinen Fall eine falsche Entscheidung treffen. Diese Einstellung hat Tradition. In unserem Kulturkreis ist man allgemein sehr auf Sicherheit bedacht. »Pass schön auf!«, hören wir schon als Kinder. »Tu dir nicht weh.« »Zerreiß dein Kleid nicht.« »Spiel nicht mit den Kindern von diesen komischen Leuten.« Auch später ist unsere Umgebung sehr darauf bedacht, dass wir uns bei Entscheidungen vor allem an der Sicherheit orientieren. Oder haben Ihnen Ihre Eltern freudig den Rücken gestärkt, als Sie verkündeten: »Ich werde Schauspielerin« oder »Ich versuche mich als Malerin«? Ich kenne jedenfalls mehr Väter und Mütter, die ihre Kinder lieber als Trainee bei der Kreissparkasse oder als verbeamtete Lehrerin sahen und entsprechend Druck gemacht haben.

Im Job setzt sich das Sicherheitsprinzip dann weiter fort. Zwar verkünden die Hochglanzbroschüren und Stellenangebote der Firmen: »Wir suchen Querdenker«, aber wehe, ein echter Querdenker taucht auf und schlägt eine Neuerung mit Risikofaktor vor. Dann kommen vom Chef oder den Kollegen schnell Killerphrasen wie: »Das wird nicht funktionieren.« »Das nimmt der Kunde nicht an.« Das hat dann den Effekt, dass auch hier auf Sicherheit gespielt wird, obwohl man doch angeblich Veränderungen gegenüber so aufgeschlossen ist. Eine falsche Entscheidung kann für Sie unangenehme Folgen haben. Man wird Sie zur Verantwortung ziehen.

Unser gelerntes Bedürfnis, perfekt zu sein, und unser Verlangen, die komplette Kontrolle über das Ergebnis zu haben, führt dazu, dass wir Entscheidungen in »richtig« und »falsch« einteilen. Kein Wunder also, wenn Sie das Sicherheitsdenken auch auf Ihren Wunsch übertragen: Was ist, wenn ich scheitere? Wenn sich das als Flop herausstellt? Wenn ich in Schwierigkeiten komme? Wenn es nicht so schön ist, wie ich dachte?

Sie gewinnen in jedem Fall

Was würden Sie sagen, wenn ich Ihnen die Garantie gäbe, dass Sie sich gar nicht falsch entscheiden können, nicht einmal dann, wenn es um einen hohen existenziellen Einsatz geht? Genau das ist nämlich der Fall. Vor lauter Angst, einen Fehler zu machen, vergessen wir, dass wir aus Fehlern lernen. Deshalb gibt es in Wirklichkeit nur etwas zu gewinnen, egal wie Sie sich entscheiden: Erfahrung und Kompetenz. Statt also zu grübeln: »Was verliere ich, wenn ich das riskiere?« oder: »Was kann mir Schlimmes passieren?«, fragen Sie sich lieber: »Was kann ich dabei gewinnen?« Das endgültige Ergebnis können Sie zwar nicht kontrollieren, wohl aber lässt sich schon jetzt beurteilen, was Sie gewinnen, wenn Sie sich auf das Unbekannte einlassen.

Wandas Wunsch ist es, auf der Karriereleiter höherzuklettern. Sie hat ein gutes Angebot von einer anderen Firma, doch der Unsicherheitsfaktor macht ihr zu schaffen und bremst ihren Wunsch aus: »Was ist, wenn ich in der neuen Firma nicht mit der Verantwortung fertig werde? Was mache ich, wenn die mich noch in der Probezeit entlassen? Dann stehe ich mit leeren Händen da. Und was ist, wenn mir das Arbeitsklima nicht gefällt? Dann nutzt mir auch eine Beförderung und das höhere Gehalt nichts. Hier weiß ich wenigstens, was ich an meinen Kollegen habe.«

Nach dem Motto »Es gibt keine falsche Entscheidung, ich gewinne in jedem Fall« richtet Wanda ihren Blick auf die Vorteile eines Jobwechsels – unabhängig vom späteren Ergebnis, das sie ja jetzt noch nicht kontrollieren kann. Sie zählt auf: »Ich habe die Chance, neue Leute kennen zu lernen. Ich kann fachlich etwas dazulernen. Ich erlebe eine andere Arbeitsatmosphäre und erhöhe damit meine soziale Kompetenz. Sollte ich tatsächlich in der Probezeit entlassen werden, kann es eine wichtige Erfahrung sein, damit fertig zu werden. Ich traue mir zu, auch dann wieder eine Arbeit zu finden.«

Überlegen Sie doch einmal, welchen Gewinn es hat, wenn Sie sich für Ihren Wunsch entscheiden. Drei Punkte sollten Sie mindestens finden, es dürfen aber gerne auch mehr sein:

Was gewinnen Sie, wenn Sie sich für Ihren Wunsch entscheiden?

● 1. ....

● 2. ....

● 3. ....

Ein Gewinn kommt dabei in jedem Fall für Sie heraus: Selbst wenn es nach Ihrer Entscheidung zur Krise kommt und sich Ihre sämtlichen Ängste erfüllen, werden Sie daraus auch Nutzen ziehen können. Das ist mehr als nur ein psychologisches Beruhigungsmittel, es gibt dafür eindeutige Beweise.

Im Rahmen meiner Doktorarbeit zum Thema »Glücklichsein« stieß ich auf die Untersuchung von Robert Blondin, einem amerikanischen Wissenschaftsjournalisten. Blondin bereiste mehrere Länder mit dem Ziel, herauszufinden, was Menschen glücklich macht. Bei der Suche nach den passenden Interviewpartnern ging er nach einem einfachen System vor, indem er Eigen- und Fremdwahrnehmung koppelte: In unterschiedlichen Orten fragte er Einwohner, ob sie ihm die Adresse eines glücklichen Menschen nennen könnten. Mit der Anschrift in der Tasche suchte er dann die Person auf und erkundigte sich, ob sie sich selbst ebenfalls als glücklich einschätzte. Fiel die Antwort positiv aus, begann er mit seinem Interview. Das Ergebnis aus Tausenden Befragungen war sehr interessant: Glücklich waren nicht etwa diejenigen, denen das Leben nur Gutes beschert hatte, die schön, reich oder talentiert waren, die man besonders gefördert hatte oder die eine glückliche Kindheit nachweisen konnten. Glücklich waren vor allem solche, die durch schwere Krisen gegangen waren und dabei festgestellt hatten: »Ich werde damit fertig.«

Denken Sie also immer daran: Selbst wenn sich Ihr Wunsch nicht erfüllen sollte, gewinnen Sie allein schon durch den Versuch, ihm näherzukommen, an Profil und Persönlichkeit. Indem Sie die entstehenden Probleme bewältigen, wächst in Ihnen die Gewissheit, dass Sie Fähigkeiten und Stärke besitzen. Sie können stolz auf sich sein. Und vor allem: Sie müssen nie bereuen, dass Sie es nicht wenigstens versucht haben.

So verschwindet die Angst endgültig

Bis hierher habe ich mich dafür engagiert, Ihnen bestes psychologisches Werkzeug an die Hand zu geben, damit Sie Ihre Angst in puncto Wunscherfüllung in den Griff bekommen. Vielleicht haben Sie es in der Erwartung ausprobiert, Ihre Angst würde ganz verschwinden. Und nun spüren Sie enttäuscht: »Ich habe ja immer noch Angst.« Haben die Instrumente versagt? Oder haben Sie etwas falsch gemacht? Weder noch. Ich muss jetzt wohl die Katze aus dem Sack lassen: Mit sämtlichen guten Methoden können Sie zwar Ihre Angst auf ein angemessenes Maß reduzieren, doch endgültig loswerden können Sie sie sogar damit nur selten. Es gibt nur ein einziges Mittel, sie ganz aufzulösen: Sie müssen genau das tun, wovor Sie Angst haben.

Meine New Yorker Kollegin Susan Jeffers ist eine Expertin in Sachen Angst. In ihre Seminare kommen Männer und Frauen, die ihre Furcht verlieren wollen, damit sie sich endlich ihre Wünsche erfüllen können. Wie Jonas, der seine 14-jährige berufliche Laufbahn abbrechen will, um seinen Traum, Künstler zu werden, zu verwirklichen. Oder wie Paula, die ihr Geschäft erweitern möchte, aber den Sprung zur nächsten Stufe nicht schafft. Susan Jeffers vermittelt ihnen außer vielen guten Tipps zur Bewältigung ihrer Angst auch diesen: »Feel the fear and do it anyway.« Ich übersetze das so: »Hab Angst und tu es trotzdem!«

Diesen letzten Schritt kann Ihnen niemand abnehmen. Wenn Sie geklärt haben, was zu klären ist, dann müssen Sie für Ihren Wunsch aktiv werden. Im Vertrauen darauf, dass es gut wird – was immer auch dabei herauskommen mag.

Please mind the gap! Ich bin sicher, wir treffen uns demnächst auf dem Bahnsteig der erfüllten Wünsche. Allerdings nur, falls Sie es geschafft haben, Ihr gemütliches Sofa zu verlassen und sich auf den Weg zum Bahnhof zu machen. Denn außer der Angst gibt es noch ein weiteres großes Hindernis: die Bequemlichkeit.

Beenden Sie Ihre Bequemlichkeit

Es gibt einen schönen Witz: Jeden Mittag um zwölf Uhr kommt ein Mann in den Kölner Dom, zündet eine Kerze an, wirft sich in der Bank auf die Knie und betet inbrünstig: »Lieber Gott, bitte, lass mich im Lotto gewinnen.« Wochenlang geht das so. Bis schließlich eine himmlische Stimme entnervt von oben donnert: »Du Depp, dann füll doch erstmal einen Lottoschein aus.«

Tatsächlich verhalten wir uns gerne nach dem Motto »Was dir von Gott ist zugedacht, das wird dir bis ans Bett gebracht«. Ich will nicht bestreiten, dass auch das der Fall sein kann, aber in den meisten Fällen ist bloßem Wünschen ohne Handeln kein Erfolg beschieden. Und mal ehrlich – eigentlich wissen wir das längst. Wie kommt es also, dass wir trotzdem träge sitzen bleiben, statt das Notwendige in Angriff zu nehmen? Schuld ist unsere innere Wellness-Beraterin. Viele nennen sie auch den »inneren Schweinehund«, doch diese uncharmante Bezeichnung tut ihr Unrecht und trifft ihre wahre Funktion nicht. Im Prinzip hat sie nämlich nur gute Absichten, auch wenn der Effekt für uns nicht immer der beste ist. Lassen Sie mich das ein bisschen ausführlicher erklären:

Ihr inneres Team

Wie Sie sicher selbst schon häufig gespürt haben, tummeln sich in der eigenen Brust mehr als zwei Seelen. Tatsächlich können wir verschiedene Persönlichkeitsanteile in uns entdecken. Sie haben sich im Laufe unseres Lebens entwickelt und repräsentieren Meinungen, Werte und

Bedürfnisse. In unseren stummen Selbstgesprächen nehmen wir sie als Stimmen wahr. Der Kommunikationspsychologe Friedemann Schulz von Thun hat dafür das passende Bild vom »inneren Team« gefunden. Wie in einem echten Team können unsere Persönlichkeitsanteile kooperieren, sich aber auch streiten, Macht ausüben oder sich unterordnen. Mit etwas Fantasie lassen sie sich sogar personifizieren. Indem wir ihnen einen persönlichen Namen oder eine Bezeichnung geben, machen wir uns den jeweiligen Anteil besonders bewusst und erkennen ihn schnell wieder, sobald er auftaucht.

Ein Beispiel gefällig? Dann versetzen Sie sich bitte einmal in diese Situation: Sie haben sich gerade ein schickes Teil in einer Boutique gekauft. Ein paar Schritte vom Laden entfernt sitzt ein abgerissener Bettler auf der Straße, vor sich ein Pappschild mit der Aufschrift »Ich habe Hunger«. Falls Sie nicht konsequent beschlossen haben: »Ich gebe immer« oder: »Ich gebe nie«, dürften Ihre verschiedenen Persönlichkeitsanteile jetzt ein interessantes Streitgespräch führen. Die Moralische in Ihnen sagt streng: »Du hast gerade so viel Geld für einen Pulli hingelegt und diesem armen Menschen willst du nicht mal 50 Cent geben?« Die Soziale verteidigt sich sofort: »Ich habe doch heute morgen erst eine Obdachlosenzeitung gekauft.« Die Sparsame springt ihr bei: »Ja, genau, man kann schließlich nicht mit Geld um sich werfen.« Die Mitleidige wendet ein: »Aber der arme Mann sieht so deprimiert aus.« Die Leistungsorientierte hält dagegen: »Er ist offenbar nicht behindert. Wieso sucht er sich nicht eine Arbeit, statt hier herumzusitzen und zu betteln?«

Wer am Ende gewinnt, hängt davon ab, welcher Anteil in Ihnen am meisten zu sagen hat. Meist ist das derjenige, der Ihnen von Kindheit an schon durch die Erziehung besonders vertraut ist. Tatsache ist aber, dass generell jedes Ihrer »Teammitglieder« eine sinnvolle Aufgabe hat. Je nach Funktion möchte es schützen, warnen, motivieren, unterstützen, ermutigen, für notwendige Erholung, Anpassung, Sicherheit, Spaß, Kontakt oder den Lebensunterhalt sorgen. Nur verkehrt sich die ursprünglich gute Absicht leider manchmal ins Negative, wenn sie übertrieben wird. Dann kann sie uns daran hindern, unsere Wunschziele zu erreichen.

Ihre innere Wellness-Beraterin meint es gut

Und damit zurück zu Ihrer inneren Wellness-Beraterin. Deren Aufgabe ist es, Sie vor Stress zu schützen. Sie sorgt dafür, dass Sie sich nicht überanstrengen und genügend ausruhen. Sie möchte, dass Sie es im Alltag leicht haben. Ihr bewährtes Mittel, es Ihnen angenehm zu machen, ist die Gewohnheit. Über Gewohnheiten müssen Sie nicht lange nachdenken, sie laufen automatisch ab. Dagegen kostet alles, was von der Routine abweicht, zunächst geistige, seelische oder körperliche Energie. Genau das möchte Ihre innere Wellness-Beraterin verhindern. Für die Erfüllung eines Wunsches aktiv zu werden, bedeutet jedoch oft, Routine aufzugeben und Anstrengung auf sich zu nehmen. Damit Sie das nicht müssen, gibt Ihnen Ihre innere Wellness-Beraterin gerne gute Argumente an die Hand. Zum Beispiel diese:

● Im Augenblick habe ich dafür wirklich keine Zeit.
● Bisher hat sich die Gelegenheit noch nicht ergeben.
● Jetzt ist kein günstiger Zeitpunkt.
● Ich habe zu viel zu tun.
● Das liegt mir nicht.
● Dazu fehlt mir das Talent.
● Das Wetter ist zu schlecht.
● Der Weg ist zu weit.
● Das ist zu teuer.
● Dazu müsste ich erst noch …
● Alleine macht das keinen Spaß.
● Ich bin zu müde.
● Mir fehlt das Material (die passenden Schuhe etc.).
● Ich weiß nicht, wo es so etwas gibt.
● Mein Mann ist dagegen.
● Das dauert zu lange.
● Heute habe ich keine Lust.
● Damit warte ich bis zum Urlaub.
● Ich kann einfach nicht … (sparen, mir Tanzschritte merken, Unbekannte ansprechen).

Außerdem verstärkt Ihre innere Wellness-Beraterin die Ausreden geschickt mit den dazu passenden Gefühlen: In Gedanken an die jeweilige Aktivität fühlen Sie sich schlapp, unfähig, überfordert, gehemmt, unlustig, angestrengt oder antriebslos. Wenn Sie Ihrer inneren Wellness-Beraterin das Feld überlassen, rühren Sie sich nicht vom Fleck, so viel ist sicher. Das hat zwar den Vorteil, dass Sie sich nicht anstrengen – insofern hat sie einen super Job gemacht –, aber Ihr Ziel erreichen Sie so nicht.

Sie versuchen also, sie davon zu überzeugen, dass Sie für Ihre Wunscherfüllung aktiv werden möchten, zum Beispiel der Gesundheit wegen jeden Tag zu joggen, für die Reise nach Mexiko einen Spanischkurs zu belegen, sich für den Mann Ihres Lebens regelmäßig bei Online-Partnerschaftsbörsen zu melden, um abzunehmen eine Diät zu machen, für den Traumjob Bewerbungen zu schreiben, für die Besichtigung der Chinesischen Mauer die passende Reisegesellschaft herauszufinden.

Manchmal lässt sich die innere Wellness-Beraterin auch durch einen intensiven Wunsch überzeugen. Aber nach meiner persönlichen Erfahrung kommen wir bei Wünschen, die zunächst ungewohnte Anstrengungen verlangen, an der Dame nicht vorbei. Für gewöhnlich setzt sie alle ihr zur Verfügung stehenden Strategien ein, um Ihnen Stress zu ersparen.

Mein erklärtes Wunschziel war es, körperlich fit zu werden. Dazu hatte ich ins Auge gefasst, jeden Morgen nach dem Frühstück ein paar Runden im nahe gelegenen Park zu laufen. Leider verlief die Diskussion mit meiner inneren Wellness-Beraterin enttäuschend. Sie nutzte Dreiviertel der oben zusammengestellten Ausreden und verband sie geschickt mit den dazugehörigen Gefühlen – keine Chance für die Fitness. Aber davon lässt sich eine Psychologin doch nicht abschrecken! Ich griff in meinen wissenschaftlichen Handwerkskoffer und zog eine Aktivierungsmethode hervor, mit der sich jede noch so taffe innere Wellness-Beraterin auf der Stelle überlisten lässt. Diese wirkungsvolle Technik möchte ich Ihnen weitergeben, damit auch Sie für Ihre Wunscherfüllung aktiv werden. Doch zunächst sollen Sie erfahren, aus welcher Quelle meine unschlagbare Technik stammt.

Das Experiment des Dr. Glasser

Vor einigen Jahren fand in Hamburg ein internationaler Psychologen-kongress statt. Unter den Referenten war auch Dr. William Glasser aus den USA, ein Spezialist für Depressionen. Ihm eilte der Ruf voraus, sogar schwer Depressive, die nur noch apathisch im Bett liegen, wieder in Bewegung zu bringen. Im Hörsaal saßen etwa fünfzig psychotherapeutisch tätige Menschen, darunter auch ich. Wir erwarteten einen wissenschaftlichen Vortrag über die Behandlung von Depressionen. Doch anstatt etwas darüber zu erzählen, lud uns Dr. Glasser zunächst zu einem dreiteiligen Experiment ein.

Wenn Sie Lust haben, machen Sie das Experiment jetzt einfach mit, während ich es Ihnen beschreibe. Ich bin sicher, es wird Sie überzeugen.

Teil eins

Als Erstes forderte uns Dr. Glasser auf, spontan wütend zu werden – und zwar ohne uns vorher etwas zu überlegen, das uns wütend machen würde. Einige verstanden das als Aufforderung, brüllend und mit geballten Fäusten auf die Stühle zu steigen. Dr. Glasser holte sie schnell wieder herunter, indem er klarstellte: »Sie sollen nicht wütend tun, sondern sich wirklich wütend fühlen.« (Bitte, jetzt sind Sie dran: Werden Sie auf der Stelle wütend.)

Auf die anschließende Frage, wer es geschafft hatte, aus dem Stand heraus wütend zu werden, hob sich eine einzige Hand. Auf Nachfrage gab der Kollege zu: »Ich bin schon wütend in den Hörsaal gekommen.« Allen anderen war es nicht gelungen, sich ohne Anlass in Rage zu bringen. (Sie haben es auch nicht geschafft, stimmt's?)

Teil zwei

Im zweiten Teil bat uns Dr. Glasser, drei Minuten lang die Augen zu schließen und durchgängig an einen rosa Elefanten zu denken. Er würde dann das Signal zum Aufhören geben. (Sie können sich dazu vorab eine Eieruhr stellen oder einfach gefühlte drei Minuten lang die

Augen geschlossen lassen.) Während dieser Zeit dachte ich an einen rosa Elefanten, das Mittagessen, einen rosa Elefanten, leichte Kopfschmerzen, einen rosa Elefanten, in welchen Vortrag ich als Nächstes gehen würde, einen rosa Elefanten ...

Schließlich sagte Dr. Glasser »Stopp« und fragte, wer tatsächlich die ganze Zeit ohne Ablenkung an einen rosa Elefanten gedacht hatte. Immerhin, einige meldeten sich. (Alle Achtung, wenn Sie so konzentriert waren und nur an den Elefanten gedacht haben. Wenn nicht: Sie sind in bester Gesellschaft.)

Teil drei

Zum dritten und letzten Teil forderte Dr. Glasser uns auf, unsere rechte Hand flach auf unseren Scheitel zu legen. (Tun Sie das jetzt bitte ebenfalls. Gehen Sie dazu wenn möglich vor einen Spiegel.) Währenddessen sollten wir uns umschauen, wem die Aktion gelungen war. Sie dürfen mir glauben, der Anblick war ziemlich komisch: Etwa fünfzig Psychologen hatten ihre Hand auf dem Kopf. (Ich bin sicher, Sie haben das locker geschafft.)

Die Auswertung

Dr. Glasser erläutert sein Experiment folgendermaßen: Der erste Teil (»Wütend werden«) zeigt, dass wir nicht einfach aus dem Stand heraus unsere Gefühle verändern können. Dazu müssten wir erst einmal über unsere Gedanken ein entsprechendes Gefühl auslösen, etwa indem wir uns daran erinnern, wie uns jemand gekränkt oder glücklich gemacht hat.

Der zweite Teil (»Rosa Elefant«) zeigt: Unsere Gedanken können wir zwar durch Willenskraft beherrschen, aber das setzt eine ständige Konzentration auf das voraus, was wir denken wollen. Gewöhnlich erweist es sich als recht schwierig, weil wir dazu neigen, im Geiste von einem Thema zum anderen zu springen.

Der dritte Teil (»Hand auf den Kopf«) belegt: Handeln können wir immer.

Das Fazit des Wissenschaftlers aus diesem anschaulichen Experiment lautet: Wenn wir etwas in unserem Leben verändern oder erreichen wollen, beginnen wir am besten mit dem Handeln. In der Folge verändern sich dadurch meist auch unsere Gedanken und unsere Gefühle.

In seiner Therapie von Depressiven versucht Dr. Glasser deshalb nicht, die Gefühle seiner Patienten zu beeinflussen oder sie zum positiven Denken anzuregen, sondern bewegt sie direkt zum Handeln. So vereinbarte er zum Beispiel mit einer Frau, die vor ihrer psychischen Erkrankung gerne Patchwork-Decken genäht hatte, dass sie die Hälfte seines Honorars mit einer Patchwork-Decke abgelten könnte. Die Handarbeit brachte die Frau auf die Beine, machte ihr Freude und trug damit entscheidend zu ihrer Heilung bei.

Vermutlich liegen Sie nicht depressiv im Bett und fragen sich deshalb, was Dr. Glassers Erkenntnisse denn wohl mit Ihren Wünschen zu tun haben. Geduld, jetzt kommt die Verbindung. Ich habe nämlich aus Dr. Glassers Anregung eine Methode entwickelt, mit der auch Sie jederzeit aktiv werden können.

Wenden Sie die Roboter-Methode an

Solange Sie darauf warten, dass Sie sich für Ihr Wunschziel in Bestform oder in der richtigen Stimmung fühlen, wird sich kaum etwas ändern. Das Geheimnis Ihres Erfolges besteht darin, dass Sie Ihre Gefühle und Ihr Denken – beides Lieblingsdomänen Ihrer inneren Wellness-Beraterin – einfach überspringen. Sie ignorieren das ganze Vorspiel von skeptischen Überlegungen und negativen Emotionen und setzen direkt mit der Handlung ein. Das gelingt Ihnen, indem Sie sich mechanisch wie ein Roboter verhalten. Typisch für Roboter ist ja, dass sie einprogrammierte Befehle ohne Wenn und Aber ausführen. Genau das macht die »Roboter-Methode« aus. Aber Achtung, damit wir uns nicht missverstehen: Dies ist keine Bedienungsanleitung für riskante Unternehmungen. Es geht nicht darum, dass Sie sich unüberlegt auf waghalsige Abenteuer einlassen, nach dem Motto »Okay, ich verdränge meine Befürchtungen – und Action!«. Die Roboter-Methode sollten Sie nur bei definiert positiven und ungefährlichen Wunschzielen einsetzen, wie etwa solchen: Sie wollen auf gesunde Ernährung umstellen, Sie möchten Freunde finden, Sie wünschen sich, fließend Italienisch zu sprechen. Alles klar? Dann verrate ich Ihnen jetzt, wie es geht:

Übung

- Schreiben Sie zunächst präzise auf, was Sie tun möchten.
- Legen Sie dann genau fest, wann Sie es tun wollen, mit Datum und Uhrzeit.
- Handeln Sie automatisch zu der von Ihnen festgelegten Zeit.

Für meinen Wunsch, fit zu werden, sah das am Tag X so aus:

- Vorsatz: Morgens sieben Runden im Park laufen.
- Zeit: Nach dem Frühstück.

Nachdem ich den letzten Löffel Müsli gegessen hatte, verwandelte ich mich innerlich in einen Roboter. Ich gab weder meinen Gedanken (»Oh es regnet, da bleibe ich wohl besser zu Hause.«) noch meinen Gefühlen (»Bei dem Schietwetter habe ich aber gar keine Lust!«) nach, sondern verhielt mich wie aufgezogen.

- Ich zog meine Laufschuhe an.
- Ich steckte den Haustürschlüssel ein.
- Ich verließ die Wohnung.
- Ich ging zum Park.
- Ich lief die sieben Runden.

Glauben Sie mir, ich war selbst verblüfft, als ich mich plötzlich auf dem Sandweg zwischen Bäumen wiederfand. Hinterher ging es mir tatsächlich so, wie Dr. Glasser es vorausgesagt hatte: Meine Gefühle und Gedanken veränderten sich. Ich fühlte mich gut und dachte stolz: »Siehst du, du hast es geschafft.« Das alleine reichte aber nicht aus, mich am nächsten Tag wieder freudig auf die Piste zu treiben. Ich musste noch eine Weile das Roboterprogramm einsetzen. Nach etwa

vier Wochen passierte ein kleines Wunder: Meine Gedanken und Gefühle änderten sich dauerhaft. Ich, jahrelang ein erklärter Sportmuffel,
begann tatsächlich, Freude an der Bewegung zu entwickeln. Das Laufen gehört seitdem ganz selbstverständlich zu meinem Morgenritual.
Und wenn ich es heute wegen einer Reise oder Krankheit einmal aus-
lassen muss, dann fehlt es mir.

Dreißig Tage bis zur Routine

Der Grund für diese Veränderung: Alles, was wir kontinuierlich und
regelmäßig tun, wird zur Gewohnheit. Wenn Sie Ihr Wunsch-Programm einige Zeit – als Erfahrungswert gelten etwa vier Wochen –
strikt durchhalten, empfinden Sie es nicht mehr als Anstrengung. Denken Sie nur daran, wie mühsam es war, Autofahren zu lernen. Zunächst
müssen Sie sich jeden einzelnen Vorgang bewusst machen und ihn
dann auch noch mit allen anderen Aktivitäten kombinieren. Als Anfängerin denken Sie:»Das lerne ich nie.« Und eines Tages, nachdem
Sie sich wieder und wieder ans Steuer gesetzt haben, können Sie es. Es
ist Ihnen in Fleisch und Blut übergegangen, und Sie müssen nicht mehr
darüber nachdenken. Ihr Unterbewusstsein hat die Kontrolle so perfekt übernommen, dass Sie sich locker nebenbei unterhalten oder Radio hören können.

Die Roboter-Methode ist besonders gut für Wunschziele geeignet,
bei denen Sie eine Routine aufbauen müssen. Aber vielleicht erscheint
sie Ihnen zu mechanisch, oder Sie finden, dass sie nicht perfekt zu Ihrem speziellen Wunsch passt. Deshalb möchte ich Ihnen gerne noch
einen weiteren Vorschlag machen, wie Sie in Schwung kommen. Dazu
müssen wir das Roboter-Prinzip einfach nur umdrehen: Statt Ihre Gedanken und Gefühle zu ignorieren, setzen Sie im Gegenteil gerade bei
ihnen an, um Ihre Bequemlichkeit zu überwinden.

Motivation als Schlüssel zum Handeln

Haben Sie als Kind gerne geschaukelt? Auf dem Spielplatz brachten
sich die Größeren meist selbst in Schwung, die Kleinen musste jemand

von hinten anschubsen. Je stärker der Schub gegen das Schaukelbrett, desto höher flog man in die Luft. Ein wunderbares Gefühl! Übertragen auf den psychischen Bereich, gibt es für uns ebenfalls einen Anstoß, um in Bewegung zu kommen: unsere Motivation. (Das Wort kommt vom lateinischen *movere*, bewegen.) Darunter versteht man die Summe der Motive, die unser individuelles Verhalten bestimmen. Motivation setzt sich aus Gedanken und Gefühlen zusammen. Wie unser Appetit kann auch die Motivation stärker oder schwächer sein. Und genau dieser Punkt ist für die Umsetzung unserer Wünsche entscheidend: Ist unsere Motivation zu schwach, bleibt der Wunsch »lauwarm« – uns fehlt die Energie, etwas dafür zu tun.

Klaus Kobjoll, erfolgreicher Hotelier und Manager, beschreibt in seinem Buch *Motivaction* so einen Fall: »Ich kenne jemanden, den sehe ich alle paar Jahre anlässlich einer Small-Talk-Party. Der wünscht sich permanent, ohne zu handeln. Er erzählt am laufenden Band, träumt von einem weißen Haus am Mittelmeer, von einer eigenen Insel, und der kann sogar kreativ visualisieren. Zwei Jahre später erzählt er wieder, und ich hake nach: ›Und jetzt, hast du angefangen, Geld anzusparen? Wie ist die Immobiliensituation dort? Bist du überhaupt schon einmal hingefahren? Welche Insel möchtest du denn?‹ – und dann kommt er mit dem ›Man-Syndrom‹: ›Man möchte ja gerne, aber unsereins kann es sich nicht leisten.‹ Der wünscht sich, ohne zu handeln – Todsünde Nummer eins.«

Ist die Motivation zu schwach, siegt die Bequemlichkeit, und wir bleiben passiv. Entsprechend gilt aber auch: Je höher unsere Motivation, desto eher werden wir aktiv. Machen Sie doch selbst einmal die Probe aufs Exempel. Was hat Sie oder die Menschen in Ihrer Umgebung bisher ins Handeln gebracht? Sie werden sehen, der Treibstoff ist fast immer eine starke Motivation. Was sie bewirkt, konnte man kürzlich im *Hamburger Abendblatt* lesen.

Bianca, 27, gelernte Friseurin, wusste während eines Konzertes der amerikanischen Sängerin Melissa Etheridge vor vier Jahren plötzlich genau, was sie wollte: selbst Musik machen und auf der Bühne stehen. Davon, dass Bekannte sie zunächst belächelten und ihr keine Chance gaben, ließ sie sich nicht entmutigen. Sie kaufte sich eine Gitarre und übte ein halbes Jahr lang jeden Tag sechs Stunden. Von ihrer Energie angesteckt, fanden sich bald auch Musiker, die bereit waren, zunächst ohne Aussicht auf eine Gage endlose Stunden im Proberaum zu verbringen. Im vergangenen Jahr wurde dann für Bianca, die unter dem Namen »Jerzee« auftritt, ihr Traum wahr. Sie spielte ihre erste CD ein. Fast 10 000 Euro musste sie dafür vorab aufbringen – kein Pappenstiel für eine Friseurin, die kaum mehr als diese Summe pro Jahr verdient. Inzwischen zeigen sich erste Erfolge, beim Nachwuchs-Wettbewerb des Senders MTV wurden viele Stimmen für sie abgegeben.

Je eindeutiger unsere Überlegungen für eine Aktivität sprechen und je intensiver unsere Gefühle dafür sind, desto höher ist unsere Motivation und desto eher überwinden wir unsere Trägheit.

Der Motivations-Check

Machen Sie doch einmal einen Quick-Check, wie hoch Ihre Motivation derzeit ist. Dazu nehmen Sie sich Ihren aktuellen Wunsch vor und horchen in sich hinein, ob für Sie die folgenden Aussagen gelten:

● Mein Wunsch ist ein Lebenstraum.
● Wenn sich dieser Wunsch nicht erfüllt, fühle ich mich
  als Versagerin.
● Ich will das unbedingt (haben).
● Ohne das bin ich nicht glücklich.
● Ich brenne dafür.
● Ich muss das einfach hinkriegen.
● Ich denke ganz oft daran.
● Ich bin ganz sicher, dass ich es (eines Tages) bekomme
  oder schaffe.

Wenn Sie auch nur zwei dieser Statements bejahen, zeigen Sie bereits eine hohe Motivation, und die steigt noch mit jedem weiteren, dem Sie zustimmen.

Oder klingt es bei Ihnen eher so:

- Es wäre wirklich schön, wenn sich das erfüllen würde.
- Ich würde mich freuen, das zu erreichen oder zu bekommen.
- Ich möchte es gerne, aber ich zweifle daran, dass ich es schaffe.
- Ich will es zwar, aber ich sehe keine Chance, das zu bekommen.
- Vielleicht klappt es ja irgendwann.

Stimmen Sie hier einer oder mehreren Aussagen zu, ist Ihre Motivation eher niedrig.

Falls Sie sich gerade eindeutig im hoch motivierten Bereich wiedergefunden haben, stellt sich die Frage: Warum sind Sie nicht längst aktiv? Bequemlichkeit kann es in dem Fall kaum sein. Wenn so ein Sehnsuchtsfeuer in Ihnen brennt und Sie trotzdem nicht längst auf dem Weg zur Erfüllung sind, hat das andere, gewichtigere Gründe als bloße Trägheit. Vermutlich sind Sie blockiert oder haben Angst, oder Sie haben noch zu wenige Informationen, wie Sie Ihr Ziel erreichen können. Am besten lesen Sie sich die entsprechenden Kapitel noch einmal durch.

Sind Sie im niedrigen Bereich gelandet, dann reicht es bei Ihnen offenbar noch nicht ganz, um in Schwung zu kommen. Damit müssen Sie sich aber keineswegs abfinden. Es gibt nämlich eine Möglichkeit, Ihre Motivation zu erhöhen: die Schmerz-Freude-Methode. Grundlage dafür ist ein typisch menschliches Verhalten: Wir alle wollen Schmerz vermeiden und Freude gewinnen. Das ist schon genetisch in uns angelegt. Durch Schmerz lernt ein kleines Kind, nicht auf die heiße Herdplatte zu fassen. Und ohne Freude wären wir längst ausgestorben. Schmerz und Freude sind starke Basisgefühle, mit denen wir unsere Wünsche energetisch aufladen können. Mit ihrer Hilfe erhöhen wir den Druck so, dass uns praktisch keine andere Wahl bleibt, als zu handeln. Schauen wir uns die beiden einmal unter diesem Aspekt an.

Ihr Schmerz kann auch ein Antrieb sein

Ein simples Beispiel, wie gut Leiden antreibt, kennen Sie sicher auch. Wenn wir schlimme Zahnschmerzen haben, hindert uns keine Bequemlichkeit, schleunigst unseren Zahnarzt aufzusuchen. Für unsere Motivation funktioniert der Antrieb ähnlich. Nur ist unter »Schmerz« nicht unbedingt eine körperliche Erfahrung zu verstehen. Wir können ihn auch als starke Unlust, Abscheu oder Enttäuschung erleben. Für alle diese Facetten von Schmerz gilt die Regel: Wenn der gegenwärtige Zustand für uns unangenehmer ist als die Anstrengung, etwas zu verändern, werden wir aktiv.

Antony Robbins, ein bekannter Motivationstrainer in den USA, gibt dazu ein drastisches Beispiel:

In einem seiner Seminare erklärte ein Teilnehmer, er wolle seine Gewohnheit ablegen, Schokolade in sich hineinzustopfen. Robbins war schnell klar, dass der Mann zwar einerseits wirklich den Wunsch hatte, mit seinem Laster aufzuhören, dass er aber gleichzeitig die Süßigkeiten sehr genoss. Schon sein T-Shirt mit der Aufschrift »Ich will die ganze Welt, aber ich gebe mich auch mit Schokolade zufrieden« sprach dafür, dass er mehr Vorteile darin sah, Schokolade zu konsumieren, als es zu lassen. Robbins beschloss daraufhin, ihn einer besonderen Schmerz-Behandlung zu unterziehen. Er sagte: »Sie behaupten, dass es Ihr Wunsch ist, auf Schokolade zu verzichten. Nun, bevor Sie damit anfangen, möchte ich Sie bitten, in den nächsten Tagen ausschließlich Schokolade zu essen, nichts sonst. Dazu dürfen Sie pro Tag vier Gläser Wasser trinken.« Der Mann grinste breit: »Gut, Tony, wie Sie wollen.« Man sah ihm an, dass er dachte: »Der spinnt doch, wie soll mich das denn von meiner Sucht befreien?« In der Folgezeit tauchten wie von Zauberhand Dutzende von Schokoriegeln, Schokobonbons und Pralinen aus den Taschen der anderen Teilnehmer auf. Der Schoko-Fan war für eine Woche komplett eingedeckt. Am ersten Tag schob er sich das Zuckerzeug noch triumphierend in den Mund, doch schon am zweiten büßte er seine Leidenschaft zunehmend ein. Am dritten Tag sah er ganz grün im Gesicht aus. Als Robbins ihn ironisch fragte, ob er nicht Lust auf weitere Schokogenüsse hätte, brach es aus ihm heraus: »Sie können mich doch nicht dazu zwingen!« Der Mann rührte kein Stück Schokolade mehr an.

Robbins kommentiert seinen Erfolg so: »Er verknüpfte so schmerzhafte Gefühle mit dem Gedanken an Schokolade, dass buchstäblich über Nacht eine neue neurale Bahn geschaffen und die alte Schoko-Autobahn durch den Schoko-Bombenhagel zerstört wurde.«

Je stärker die Frustration, desto höher die Motivation

Auch wenn Sie nicht schokoladesüchtig sind, werden Sie sehen, dass die Taktik auch für Ihre Wünsche die gleiche wie beim Abstellen schlechter Gewohnheiten ist. Sie besteht darin, Schmerz oder starke Unlust mit dem Gedanken zu verknüpfen, dass Sie nichts für Ihren Wunsch tun. Je stärker die Frustration ist, die Sie mit Ihrer Passivität verbinden, desto höher ist Ihre Motivation, aktiv zu werden. Am besten machen Sie gleich eine konkrete Übung dazu. Schreiben Sie alles auf, über das Sie sich ärgern, wenn Sie nichts zur Erfüllung Ihrer Wünsche unternehmen. Hier ist dazu ein kleiner Leitfaden:

Der Frust-Check

Übung

Welche Nachteile verknüpfen Sie damit, dass Ihr Wunsch nicht erfüllt wird?

- Mental: ....
- Emotional: ....
- Körperlich: ....
- Finanziell: ....
- Spirituell: ....

Ina, 36, Kundenberaterin in einer Werbeagentur, träumt von einem Ferienhaus auf dem Land, bisher ist sie allerdings nicht über das Träumen hinausgekommen. Ihre Aktivitäten beschränken sich darauf, mit Architekturzeitschriften und Bildbänden ihre Sehnsucht zu nähren. Jetzt beschäftigt sich Ina zum ersten Mal eingehender damit, was es eigentlich für sie bedeutet, nichts für ihren Wunsch zu tun. Auf ihrer Liste steht:

Mental: *Ich halte mich für eine Versagerin, wenn Bekannte, die weniger verdienen als ich, ein Ferienhaus haben.*

Emotional: Ich bin neidisch, weil Freunde ein Ferienhaus haben und ich nicht. Ich habe jedes Mal schlechte Laune, wenn ich in den Zeitschriften sehe, wie Paare sich die schönsten Räume einrichten.

Körperlich: Ich muss meine Wochenenden auf dem Balkon, in Hotels oder im Wohnmobil von Klaus verbringen.

Finanziell: —

Spirituell: Ich habe in der Stadt keine Ruhe, um neue Ideen zu finden.

Als Ina sich ihre Liste durchliest, reagiert sie gereizt. »Ich bin wirklich zu blöd. Ich blockiere mich doch selbst. Also, entweder tu ich jetzt etwas für meinen Traum, oder ich schminke ihn mir ab. Aber nur dasitzen und andere beneiden bringt gar nichts.« Ihre erste Aktion ist es, die Angebote in ihrer Zeitung anzustreichen und im Internet nach einer passenden Immobilie zu suchen.

Schmerz zu nutzen – auch in seinen Varianten Ärger, Wut, Unlust, Ekel, Enttäuschung, Frustration –, um aktiv zu werden, ist die eine Seite der Medaille, die andere ist Freude. Immerhin sind Schmerz und Freude ein klassisches Paar wie Lob und Tadel. Das eine ist so wirksam wie das andere, hat aber eine unterschiedliche Qualität. Falls also das unangenehme Gefühl noch nicht ausreicht, Sie zum Handeln zu bewegen, dann schafft es vielleicht das positive.

Holen Sie sich Schwung durch Freude

Bitte schließen Sie die Augen. Stellen Sie sich vor, Sie erfahren soeben, dass sich Ihr größter Wunsch erfüllt hat.

Vielleicht bekommen Sie einen Anruf: »Meine Liebe, es ist so weit!« Oder der Lieferservice steht vor der Tür und sagt: »Für Sie.« Oder Sie haben gerade die ultimative Begegnung mit einem anderen Menschen. Kann auch sein, Sie schreiten im Blitzlichtgewitter über den roten Teppich oder bekommen einen Preis überreicht.

Finden Sie Ihr passendes Szenario. Und dann malen Sie sich aus, wie Sie laut jubeln oder siegreich die Faust nach oben reißen. Falls es sich um einen Herzenswunsch handelt, weinen Sie vielleicht sogar vor Glück. Spüren Sie, wie aufgeregt Sie schon bei der bloßen Vorstellung sind? Das liegt daran, dass unser Unterbewusstsein nicht zwischen Fantasie und Realität unterscheidet. Schließlich läuft Ihnen ja auch das Wasser im Mund zusammen, sobald Sie an Ihre Lieblingsspeise denken. Mit Ihrer intensiven Vorstellung können Sie schon jetzt einen großen Teil des Hochgefühls empfinden, das Sie demnächst in der Wirklichkeit erwartet. Man nennt das auch »Vorfreude«.

Nicole, 49-jährige Floristin, wünscht sich seit langem eine neue Sitzgarnitur in ihrem Wohnzimmer. Die alten Ledersofas stehen schon seit 15 Jahren dort und sehen auch so aus. Das ehemals schwarze Leder ist an manchen Stellen durch die Sonneneinstrahlung grau und brüchig geworden. Ihrem Mann macht das nichts aus, er findet eine Neuanschaffung überflüssig. Von ihm wird keine Unterstützung zu erwarten sein. Teure Designermöbel kann sich Nicole zwar nicht leisten, aber bestimmt gibt es heruntergesetzte Stücke, die ebenso schön sind. Nur müsste sie sich dazu einmal gründlich umschauen. Und sie dürfte ihr Geld nicht nur in modische Kleidung stecken. »Irgendwie kriege ich die Kurve nicht«, jammert sie.

Nicole malt sich nun aus, wie der Möbelwagen vor ihrem Haus hält. Zwei starke Männer laden die Garnitur aus, einen cremefarbenen Dreisitzer und einen Zweisitzer. Sie schleppen die Sofas in den dritten Stock und stellen sie gleich ins Wohnzimmer. Nicole quittiert die Lieferung und gibt ihnen ein dickes Trinkgeld. Dann schaut sie sich stolz ihre neuen Möbel an. Das ist ein Unterschied wie Tag und Nacht. Nicole setzt sich auf die Polster – ein tolles Sitzgefühl. In dem Moment kommt ihr Mann durch die Tür. Mit anerkennendem Blick sagt er: »Du hattest wirklich Recht, die neue Garnitur war fällig.« Kurz darauf klingelt es. Ihre Freundin Sophie schaut spontan herein. »Deine Sofas sind ein Traum«, sagt sie bewundernd mit ein bisschen Neid in der Stimme.

Die intensive Vorstellung bringt Nicole tatsächlich in Schwung. Sie legt sich eine Spardose mit dem Aufkleber »Sofas« an, in die sie regelmäßig einen Geldschein steckt. Außerdem sammelt sie schon einmal Werbeprospekte und Adressen von Möbel-Outlets. Ihre ersten aktiven Schritte sind damit getan.

Die lebhafte Vorstellung, der Wunsch habe sich schon erfüllt, kann außerordentlich motivierend sein. Aber vielleicht sind Sie eher ein rationaler Typ, und es fällt Ihnen schwer, sich etwas auszumalen? Dann überlegen Sie sich einfach ganz sachlich die positiven Aspekte. Gehen Sie dazu noch einmal die gleichen Punkte durch, die Sie bereits für Ihre »Schmerzliste« ausgefüllt haben – aber diesmal unter dem Blickwinkel: Was nutzt mir das?

Der Gewinn-Check

Was gewinnen Sie, wenn sich Ihr Wunsch erfüllt?

- Mental: ....
- Emotional: ....
- Körperlich: ....
- Finanziell: ....
- Spirituell: ....

Übung

Schauen Sie sich Ihre Liste an, und lassen Sie sie auf sich wirken. Finden Sie nicht auch, dass es wirklich schade wäre, wenn Sie sich diese Vorteile entgehen ließen? Legen Sie los!

Egal, ob Sie sich für die Roboter-Methode entscheiden oder über Schmerz und Freude für größere Motivation sorgen – Ihre innere Wellness-Beraterin wird vermutlich schockiert sein. Beruhigen Sie sie bitte, dass sie keineswegs arbeitslos wird. Sie hat sicherlich noch genug damit zu tun, Sie im Alltag vor Stress und Überarbeitung zu schützen. Nur was Ihre Wünsche anbetrifft, sollte sie sich ab sofort zurückhalten, in dem Bereich ist ein anderes Mitglied Ihres Persönlichkeitsteams zuständig: Ihre innere Motivationstrainerin. Aber mit der haben Sie ja auf den letzten Seiten bereits Verbindung aufgenommen.

Halten Sie durch!

Wenn Sie bis hierher alles beherzigt haben, was für Sie wichtig war, dann haben sich Ihre Wünsche vielleicht schon erfüllt. Jedenfalls hoffe ich das für Sie. Aber ich weiß auch, dass Wünsche selten wie ein Getränkeautomat funktionieren: Wunsch einwerfen, Erfüllung entgegennehmen. In vielen Fällen brauchen wir eine Menge Geduld, bis wir endlich bekommen, was wir wollen. Das gilt vor allem, wenn wir dafür vorher aktiv werden müssen, etwa eine Ausbildung abschließen, nach dem passenden Partner suchen, eine größere Summe sparen oder eine Therapie machen.

Bei manchen Wünschen wissen wir immerhin, dass wir unser Ziel mit großer Sicherheit erreichen, solange wir das Richtige tun und diszipliniert dabeibleiben. Angenommen, Sie wiegen ein paar Kilos zu viel und möchten in einem halben Jahr auf der Hochzeit Ihrer Schwester in ein schmales Kleid passen. Dann wird Ihnen das gelingen, indem Sie täglich Sport treiben und sich genau an einen Ernährungsplan halten. Oder: Wenn Sie alles genau ausgerechnet haben und regelmäßig eine bestimmte Summe von Ihrem Gehalt zurücklegen, dann können Sie sich höchstwahrscheinlich Ihren Traumurlaub leisten.

Setzen Sie alles ein, was Sie bisher über richtiges Wünschen gelernt haben, und legen Sie los!

Wünsche ohne Garantie

Bei anderen Wünschen dagegen gibt es keine Garantie, dass sie sich auch tatsächlich erfüllen. Sie müssen Ihre Vorleistung in dem guten Glauben erbringen, dass Sie auf dem richtigen Weg zum Ziel sind –

und der kann manchmal verflixt lang sein. Je länger es dauert und je weniger ermutigende Zeichen wir unterwegs erhalten, desto öfter befallen uns Zweifel: Lohnt sich der Aufwand wirklich? Machen wir uns vielleicht etwas vor? Ist unser Wunsch nur ein Hirngespinst? Sollten wir nicht lieber den Spatz in der Hand der Taube auf dem Dach vorziehen?

Winston Churchill beschwor in einer berühmten Rede seine Zuhörer: »Geben Sie nie, nie, nie auf!« Für viele Fälle hat er mit seinem Appell gewiss Recht. Es kann schließlich sein, dass die Erfüllung hinter der nächsten Ecke auf uns wartet. Vielleicht müssen wir nur noch eine kleine Weile durchhalten, eine letzte Anstrengung machen, dann bekommen wir, was wir wollen. Zeitungen, Zeitschriften und Biografien sind voll von beeindruckenden Geschichten, in denen eine(r) nicht aufgegeben hat und schließlich Ruhm, Ehre, die große Liebe, Erfolg, viel Geld oder Heilung genießen konnte. In Ratgebern zitiert man in diesem Zusammenhang gerne den berühmten Erfinder Thomas Alva Edison, der beharrlich immer wieder vergebliche Experimente machte, bis er 1879 schließlich die erste Glühbirne entwickelte.

Andererseits kann es aber auch sein, dass wir uns wie ein Pitbull in die Erfüllung unseres Wunsches verbeißen und nicht lockerlassen, obwohl alles dagegenspricht. Wir machen von der Erfüllung des Wunsches abhängig, ob wir glücklich werden und ob wir unser Leben als gelungen betrachten. Diese Art von Beharrlichkeit ist nicht ungefährlich. Sind wir zu sehr auf unser Ziel fixiert, könnten wir innerlich oder äußerlich Schaden nehmen. So sind schon manche Beziehungen an einer verbissen betriebenen Kinderwunsch-Therapie gescheitert. Und manche(r) ist depressiv geworden, weil sich der Traum vom Popstar oder einer politischen Karriere nicht erfüllt hat. Da wäre es oft sinnvoller, den Wunsch rechtzeitig aufzugeben.

Ich sage es gleich: Niemand kann Ihnen die Entscheidung abnehmen, ob Sie Ihren Wunsch weiterverfolgen sollen oder ob es besser für Sie ist, mit den Gegebenheiten Frieden zu schließen. Denn dazu müsste man wie ein Hellseher in die Zukunft schauen können. Sie wissen ja, hinterher ist man immer klüger. Jedenfalls möchte ich es nicht gewesen sein, die Sie dazu gebracht hat, kurz vor der Erfüllung Ihres Wunsches aufzugeben. Genauso wenig fühle ich mich berufen, Sie mit knackigen Durchhalteparolen weiter auf einem Weg zu halten, der Ihnen unnötig Energie entzieht und Sie am Ende unglücklich macht. Ich gebe Ihnen aber gerne einige sinnvolle Überlegungen mit, die Ihnen helfen können, Ihre eigene Entscheidung mit größerer Sicherheit zu treffen.

Machen Sie sich keine Illusionen

Bevor wir auf dem Weg zur Erfüllung unserer Wünsche weitergehen, sollten wir prüfen, ob wir vielleicht »Rosinen im Kopf« haben. Tatsache ist leider: Wir schätzen uns und unsere Fähigkeiten oft falsch ein. Mit einem übersteigerten Selbstbild oder unausgegorenen Vorstellungen über unsere Möglichkeiten greifen wir nach den Sternen und wundern uns, dass unsere Arme zu kurz sind. Das passiert nicht nur hoffnungsfrohen Kandidaten von *Deutschland sucht den Superstar*, sondern auch gestandenen Frauen und Männern.

Ein ehemaliger Stellvertretender Chefredakteur einer großen Frauenzeitschrift musste das schmerzlich erkennen. Von seinem Job frustriert, hatte er sich sein Wunsch-Leben als Freiberufler großartig ausgemalt: morgens ausschlafen, in Ruhe einkaufen, ein bisschen Haushalt erledigen, am Nachmittag Zeit mit dem kleinen Sohn verbringen. Abends lecker kochen, dann leidenschaftlichen Sex mit der von ihrem Job heimgekehrten Ehefrau und als Nachtmensch später ein paar kreative Stunden am Schreibtisch verbringen. Leider war das eine Illusion, wie sich schon bald nach seiner Kündigung herausstellte. Die Vormittagsstunden verdaddelte er unentschlossen, weil ihm die Struktur seiner Arbeitsstelle fehlte. Bei nasskaltem Wetter mit seinem Sprössling die Zeit auf dem Spielplatz zu verbringen, war auch nicht wirklich lustvoll. Seiner Frau war zum Feierabend weder nach einem mehrgängigen Menü noch nach Zärtlichkeiten zumute, und die Kreativität wollte später auch nicht mehr in Gang kommen.

Wenn Sie feststellen, dass sich Ihr Wunsch nicht so erfüllt, wie Sie es erwarten, dann sollten Sie auf jeden Fall selbstkritisch reagieren. Statt den Staat, das Schicksal, die mangelnde Emanzipation, die ungünstigen

Arbeitszeiten oder sonst etwas verantwortlich zu machen, bringt es Sie weiter, wenn Sie sich ehrlich fragen: »Was ist mein Anteil daran, ändert sich an dem enttäuschenden Zustand etwas, wenn ich mich selbst ändere? Und wenn ja, was muss ich dafür tun?« Vielleicht umdenken, disziplinierter, toleranter, weniger egoistisch werden? Falls Sie in der Lage sind, das Steuer herumzureißen, ist nichts dagegen einzuwenden, dass Sie weiter an Ihrem Wunschziel festhalten – aber von jetzt an mit Augenmaß und ohne rosa Brille. Nehmen Sie die nötige Veränderung in Angriff, vielleicht hat Ihr Traum dann doch noch eine Chance. Sollten Sie aber erkennen, dass Sie weder sich selbst noch die Situation ändern können, dann rudern Sie zurück. Eine Fehlentscheidung einzugestehen und die Verantwortung dafür zu übernehmen, beweist Souveränität. Eventuell lässt sie sich sogar wieder rückgängig machen. Ein Trost ist, dass Sie in jedem Fall dabei gewinnen werden – mehr Selbsterkenntnis und Reife.

Prüfen Sie, was Sie wirklich erreichen können

Nicht immer lässt sich eindeutig erkennen, ob es sich tatsächlich um eine Illusion handelt oder nur um eine vorübergehende Durststrecke. Falls es stimmt, was uns die meisten Motivationstrainer und Ratgeber weismachen möchten, dürften wir eigentlich nie aufgeben. Deren Credo lautet: »Sie können alles schaffen, wenn Sie nur wollen!« Das klingt ermutigend und gibt tatsächlich eine Menge Schwung, wie ich selbst beobachtet habe:

In der riesigen Köln-Arena in Deutz standen Tausende mit erhobenen Armen und brüllten: »Ich schaffe es!« Der kleine Dicke rechts neben mir war drauf und dran, vor Begeisterung auf seinen Stuhl zu steigen, während die Dame links ihre Hände mit klirrenden Armbändern wild über dem Kopf schüttelte. Vorne sprang ein Motivationstrainer im Nadelstreifenanzug herum und feuerte sein Publikum an. Die Stimmung war euphorisch. Ich stand skeptisch mittendrin. (Falls Sie sich jetzt fragen, wie ich da hingekommen bin: Ich wollte mir im Auftrag einer Zeitschrift den sogenannten »Power-Tag« einmal ansehen.)

Schauen wir uns die Behauptung »Sie können alles schaffen, wenn Sie es nur wollen« doch einmal genauer an. Richtig ist, dass wir eine Menge erreichen können, wenn wir uns intensiv dafür einsetzen. Hier sind ein paar Beispiele, was Sie im Hinblick auf Ihren speziellen Wunsch durchaus mit achtbarem Erfolg lernen können, sofern Sie entsprechend bei geistiger und körperlicher Gesundheit sind:

- Ballett tanzen
- Einen Roman schreiben
- Mode/Möbel/Schmuck entwerfen
- Kochen
- Marathon laufen
- Programmieren
- Singen
- Ein Instrument spielen
- Regie führen
- Schauspielern
- Heilen
- Reden halten
- Geld investieren
- Stil entwickeln
- Gutes Benehmen
- Kinder erziehen
- Segeln
- Gäste bewirten
- Netzwerke knüpfen
- Berufliche Kompetenz

Ergänzen Sie die Liste gern, immer unter diesem Gesichtspunkt: Alles, wogegen keine objektiv unabänderliche Tatsache spricht, können Sie mit Disziplin, Fleiß und Engagement erreichen – zumindest bis zu einem gewissen Grad an Perfektion. Wir sehen oft Grenzen, wo gar keine sind. Sie können noch mit 75 als Ausdruckstänzerin auf der Bühne stehen, im Rollstuhl bei den Paralympics eine Goldmedaille gewinnen, als molliges Model ausgebucht sein oder im Greisenalter die große Liebe finden. Insofern stimmt die Aussage »Sie schaffen es, wenn Sie wirklich wollen«. Nur eines übersehen die Motivationsgurus dabei: Das gilt nur für die Fähigkeiten und Eigenschaften, die Sie für die Erfüllung Ihres Wunsches benötigen. Es ist aber keineswegs eine Garantie dafür, dass Sie damit auch das Ergebnis bekommen, das Sie sich wünschen.

Aufhören oder weitermachen?

Kathrin, 54, ist Lehrerin für Erdkunde und Geschichte an einem Gymnasium. Sie träumt heimlich davon, eine erfolgreiche Schriftstellerin zu sein. In Kathrins Schreibtisch liegt seit längerem ein unfertiges Roman-Manuskript. Vor Jahren hat sie ein Thema, basierend auf einer historischen Begebenheit, so gepackt, dass sie begann, darüber einen Roman zu schreiben. Recht gut, wie sie glaubte. Aber als sie die ersten Seiten mit ein paar Tagen Abstand erneut las, musste sie selbstkritisch zugeben: Das war ziemlich langweilig. Also schaffte sie sich das Buch eines Experten für kreatives Schreiben an, mit dem sinnigen Titel Pflege und Aufzucht eines Romans. *Mit diesem kompetenten Ratgeber brachte sie sich das notwendige Handwerkszeug bei und lernte, wie man einen Dialog formuliert und Spannung aufbaut. In jeder freien Minute, vor allem am Wochenende, schrieb sie mit Leidenschaft an ihrem Roman. Schließlich war er fast fertig. Eine Lektorin, mit der sie befreundet war, bot ihr an, das Manuskript einmal zu prüfen. Sie brachte Kathrin schonend bei, dass ihre Geschichte noch nicht preisverdächtig sei. Immerhin vermittelte sie ihr ein paar entscheidende Hinweise zur Verbesserung. Kathrin gab nicht auf, warf alles bisher Geschriebene – 200 Seiten – in die Tonne und fing noch mal ganz von vorne an. 70 Seiten von der neuen Fassung hat sie inzwischen geschrieben, und jetzt glaubt sie, dass es diesmal richtig gut wird. Trotzdem überlegt sie, ob sie weiterschreiben soll. Neben ihrem Beruf ist der Aufwand doch beträchtlich, und sie fragt sich, ob er sich überhaupt lohnt.*

Vielleicht geht es Ihnen ähnlich, Sie haben einen Wunsch, den Sie bereits mit viel Mühe anstreben, für dessen Erfüllung es jedoch keine

Garantie gibt. Sie wissen nicht, ob Sie jemals als Musikerin Ihr Geld verdienen können, ob Sie als Schauspielerin überhaupt ein Engagement bekommen, ob Sie als Psychotherapeutin eine volle Praxis haben werden, als Model über Aufnahmen für einen Versandhauskatalog hinauskommen, als Politikerin Einfluss gewinnen oder ob Ihre aktive Mitgliedschaft in einer Internet-Partnerschaftsbörse Ihnen den Mann fürs Leben bringt. Andererseits gibt es durchaus die Hoffnung, dass Sie schließlich berühmt werden, viel Geld verdienen, für Ihre Kompetenz geschätzt werden, eine Top-Position erreichen oder den Traumpartner kennen lernen – also weitermachen oder aufgeben? Es gibt eine Methode, mit der Sie für sich herausfinden können, in welche Richtung Sie tendieren.

Kleiner Test als Entscheidungshilfe

Schreiben Sie einmal sämtliche Möglichkeiten auf, was bestenfalls (Wunscherfüllung!) geschehen könnte, was ein mittelprächtiges Ergebnis wäre und was schlimmstenfalls herauskommen könnte.

Wenn Sie möchten, nehmen Sie dazu gerne Kathrins Liste als Anregung. Kathrin hat für sich diese möglichen Ergebnisse notiert:

● Mein Roman ist ein Bestseller. In einer Talkshow erzähle ich, wie schwer mir das Schreiben am Anfang gefallen ist und dass ich nie geglaubt hätte, so einen riesigen Erfolg mit meinem Erstlingswerk zu haben.
● Mein Roman ist gutes Mittelmaß. Ich finde einen Verlag, der ihn herausbringt. Das Buch verkauft sich ganz ordentlich und wird über die Jahre mehrmals neu aufgelegt.
● Der Roman ist gut. Die Lektoren der Verlage erkennen das Potenzial aber nicht und lehnen mein Manuskript ab. Ich gebe das Buch im Eigenverlag heraus.
● Die Qualität des Manuskripts ist für eine Veröffentlichung nicht ausreichend. Ich finde keinen Verlag.

Wenn Sie für sich sämtliche möglichen Resultate aufgeschrieben haben, lesen Sie sich Ihre Liste noch einmal durch. Denn jetzt kommt die entscheidende Frage: Würden Sie auch dann weiterhin alles für Ihren Wunsch einsetzen, wenn die negativste Ihrer notierten Möglichkeiten die wahrscheinlichste ist?

Bitte kreuzen Sie Ihre Wahl an: .... ◯ Ja .... ◯ Nein

Das verrät Ihre Auswahl

Sie haben Ihr Kreuzchen bei »Nein« gesetzt? Dann steckt vermutlich eine dieser Ursache dahinter:

- Sie glauben nicht so recht an Ihre Fähigkeiten. Entweder sind Sie angemessen selbstkritisch oder Sie unterschätzen sich. Jedenfalls halten Sie das negative Ergebnis durchaus für realistisch.
- Sie sind nur am Ergebnis interessiert. Für Sie zählt allein der Erfolg. Sie sind nicht bereit, sich mit der Aussicht auf einen möglichen Flop zu engagieren.

Sie haben Ihr Kreuzchen bei »Ja« gemacht? Daraus lässt sich zweierlei ableiten, wobei entweder das eine oder das andere für Sie gilt, oder auch beides zusammen:

- Sie glauben fest an sich. Sie halten es für unwahrscheinlich, dass das negative Ergebnis tatsächlich eintritt. Deshalb blenden Sie diese Möglichkeit einfach aus.
- Sie lieben, was Sie tun. Natürlich wünschen Sie sich ein Happy End für Ihren Wunsch, aber das ist für Sie nicht ausschlaggebend. Was vor allem zählt, ist, dass Sie das, was dafür nötig ist, leidenschaftlich gerne tun, nach dem Motto »Der Weg ist das Ziel«.

Ihre Auswahl weist auf Ihre grundsätzliche Einstellung zur Erfüllung Ihres Wunsches hin. Von ihr hängt ab, ob Ihnen das Durchhalten leicht- oder schwerfällt. Deshalb ist es sinnvoll, sich dazu ein paar Gedanken zu machen. Lesen Sie bitte nicht nur die für Sie zutreffende Auswertung, sondern lassen Sie sich auch von den anderen inspirieren.

Wunsch-Wegweiser für Nein-Ankreuzer

Wenn Sie »Nein« angekreuzt haben, steckt in Ihrer Einstellung ein hohes Enttäuschungspotenzial. Überlegen Sie deshalb, ob Sie nicht vielleicht etwas verändern sollten. Was Sie dabei beachten müssen, hängt von dem Motiv ab, das hinter Ihrem »Nein« liegt.

Motiv: *Sie glauben zu wenig an sich.* Vermutlich trauen Sie Ihren Fähigkeiten nicht genug. Das können Sie ändern, indem Sie größere Kompetenz auf dem fraglichen Gebiet erwerben. Zum Beispiel lernen, souveräner aufzutreten, Gesangsunterricht nehmen, einen Kochkurs belegen, ein Rhetorik-Seminar besuchen. Je besser Sie in Ihrem gewünschten Bereich werden, desto mehr wachsen Ihr Selbstvertrauen und die Überzeugung, dass Sie es schaffen können. Das erfordert natürlich Einsatz, wobei da das »Frau-Holle-Prinzip« gilt. Sie erinnern sich vermutlich an das Märchen der Gebrüder Grimm: Zwei junge Mädchen treten nacheinander in den Dienst der Frau Holle, bei der sie unter anderem ordentlich die Betten schütteln müssen, damit es auf der Erde schneit. Das eine Mädchen ist fleißig und tut sogar freiwillig mehr, als es müsste. Zum Dank überschüttet es Frau Holle am Ende mit purem Gold. In der Hoffnung auf ähnlichen Goldregen meldet sich auch das zweite Mädchen zum Bettenschütteln. Faul tut es gerade mal das Allernötigste. Statt des erwarteten Lohnes kippt ihm die verärgerte Frau Holle Pech über den Kopf. Wie Sie wissen, stecken in Märchen Wahrheiten. In diesem lautet das Fazit: Ohne Einsatz wird man keine »Goldmarie«. Seien Sie also bereit, für die Grundvoraussetzungen zur Erfüllung Ihres Wunsches zu sorgen, dann wachsen Ihre Chancen.

Motiv: *Sie sind auf Ihr Ziel fixiert.* Es ist natürlich richtig, dass Sie Ihr Ziel im Auge behalten. Doch falls das Endergebnis Ihre einzige Motivation ist, stehen Sie möglicherweise die Anstrengung bis dahin nicht durch. Angenommen, Sie interessieren sich wenig für juristische

Probleme, finden aber eine Rechtsanwaltskarriere erstrebenswert, weil sie gutes Geld und vielfältige Arbeitsmöglichkeiten verheißt. Mit dieser Einstellung wird Sie das Studium viel Kraft kosten, weil Sie sich ständig zum Lernen zwingen müssen.

Für Zielfixierte kann es sogar noch schlimmer kommen: Obwohl Sie mühsam durchgehalten haben, erfüllt sich Ihr Wunsch trotzdem nicht. Sie fallen durchs Examen, bekommen kein Kind, gewinnen keinen Partner, können sich kein Traumhaus leisten, sind nach dem Facelifting nicht attraktiver, man befördert eine Kollegin auf die von Ihnen angestrebte Stelle. Und dann? Entweder Sie überdenken Ihr Wunschziel noch einmal und ändern es gegebenenfalls in eines um, das bereits unterwegs für Sie attraktiv ist. Oder Sie halten weiter an Ihrem Ziel fest, versuchen aber, innerlich loszulassen, indem Sie sich sagen: Wenn es nicht klappt, geht die Welt nicht unter. Am besten präparieren Sie für diesen Fall schon mal Plan B, das entspannt.

Wunsch-Wegweiser für Ja-Ankreuzer

Motiv: *Sie glauben fest an sich.* Prinzipiell ist das eine gute Einstellung, vorausgesetzt, Sie leiden nicht unter Selbstüberschätzung. Da das aber verständlicherweise niemand von sich selbst vermutet, empfiehlt es sich, vorsichtshalber Feedback von kompetenten Außenstehenden einzuholen. Und zwar am besten gleich von mehreren Experten, ein einzelner kann sich schließlich irren. Wenn die Fachleute Sie ermutigen, dann bleiben Sie unbedingt dabei. Andernfalls gibt es halt noch etwas zu lernen. Bedenken Sie bitte auch, dass sich Ihr Glaube nur auf Ihre Fähigkeiten fokussieren sollte. Gehen Sie lieber nicht davon aus, dass Sie magische Kräfte besitzen, mit denen Sie per Gedankenpower das Gewünschte realisieren.

Motiv: *Sie lieben, was Sie tun.* Diese Einstellung enthält eindeutig das höchste Potenzial für die Erfüllung von Wünschen. Wenn in Ihnen die Leidenschaft für Ihren Wunsch brennt, haben Sie optimale Bedingungen dafür, dass Sie Ihr Ziel erreichen.

Lassen Sie mich deshalb hier ein ausführliches Loblied auf diese Einstellung singen. Wenn ich aufgrund langjähriger Erfahrung in meinem eigenen Leben und meiner Praxis von einem überzeugt bin, dann davon:

Nur die Liebe zählt!

Der amerikanische Unternehmer Fred Gratzon nennt in seinem Buch *The Lazy Way to Success* die Kriterien dafür, in welchem Maße man diese Einstellung zur eigenen Tätigkeit hat:

- Sie tun es liebend gern.
- Es lässt Ihr Herz höherschlagen.
- Es fordert Ihre Kreativität.
- Es fesselt Sie völlig und macht außerdem noch Spaß.
- Es ist so packend, dass Sie es selbst dann tun würden, wenn sich kein Cent damit verdienen ließe.

Wenn Sie schon den Einsatz lieben, der mit Ihrem Wunschziel zusammenhängt, ist Ihre Chance am größten, dass sich Ihr Wunsch schließlich erfüllt. Und zwar aus diesem Grund: Was Sie gerne tun, gelingt Ihnen am besten. Sie können gar nicht umhin, Kompetenz zu entwickeln. Neugierig wollen Sie immer mehr über Ihr Wunschgebiet wissen, probieren alles Mögliche aus, sind begierig weiterzukommen. Niemand muss Sie antreiben, Ihr eigenes Interesse ist Antrieb genug. Diese Tatsache können Sie jederzeit auch bei Menschen in Ihrer Umgebung überprüfen.

Unser Sohn Felix, 20, Student, beschäftigt sich begeistert mit Informatik. Schon als Schüler brachte er sich mithilfe dicker Handbücher diverse Programmiersprachen bei, richtete mir eine Website mit komplizierten interaktiven Elementen ein und übernahm während eines Praktikums in einer Firma gleich eine verantwortungsvolle Aufgabe am Computer.

Auch bei denjenigen, die »das große Rad drehen«, wirkt die Freude an der Sache wie ein Motor. Dr. Albert Michelson war der erste Amerikaner, der einen Nobelpreis im Bereich der Naturwissenschaften bekam. Als er befragt wurde, warum er so viele Jahre seines Lebens mit Experimenten über die Lichtgeschwindigkeit zugebracht habe, antwortete er spontan: »Es hat mir einfach Spaß gemacht.«

Die logische Schlussfolgerung lautet: Wenn Sie tun, was Sie gerne tun, sind Sie darin gut. Wenn Sie gut sind, haben Sie auch Erfolg. Wenn Sie Erfolg haben, erhöht sich damit Ihre Chance um ein Vielfaches, dass Sie Ihr Wunschziel erreichen.

Der Weg ist das Ziel

Und noch einen weiteren großen Vorteil hat es, wenn Sie mit Leidenschaft bei der Sache sind: Schon der Weg dorthin ist lustvoll. Es macht Ihnen Freude, sich auf Ihrem Wunschgebiet zu betätigen, auch wenn es schwierig oder anstrengend wird. Selbst wenn Sie Ihr Wunschziel nicht erreichen sollten – was bei dieser Einstellung eher unwahrscheinlich ist –, müssen Sie trotzdem keinen einzigen Tag und keine Anstrengung bereuen, weil Sie allein durch Ihr Tun schon belohnt worden sind. Erinnern Sie sich noch an die »summenden« Wünsche? Hier schließt sich der Kreis.

Ich hoffe, diese Argumente haben Sie davon überzeugt, dass das Motiv »Sie lieben, was Sie tun« den größten Erfolg für die Erfüllung Ihres Wunsches verspricht. Vielleicht wenden Sie jetzt ein: »Das ist ja schön und gut, aber ich kann mir das schließlich nicht einreden, wenn es nun mal nicht so ist.« Stimmt, aber Sie können versuchen, ein positiveres Verhältnis zu einem wenig reizvollen Weg zum Ziel zu gewinnen. Begeisterung dagegen kommt direkt aus Ihrem Wesen. Man spricht in dem Fall auch von einer »intrinsischen«, von innen kommenden Motivation. Deshalb: Falls Sie noch die Wahl haben, suchen Sie sich Ihre Wünsche nach Ihrer Vorliebe und Begeisterung aus. Sie haben diese Wahl bereits getroffen? Dann geben Sie bitte nie, nie, nie auf.

Ausklang: Und wo bleibt die Garantie?

Eines Morgens öffne ich den Briefkasten oder mein E-Mail-Postfach und finde eine Nachricht von Ihnen: »Liebe Frau Wlodarek, auf dem Buchcover behaupten Sie, mit Ihren Methoden würden Wünsche Wirklichkeit. Ich habe alles umgesetzt, was Sie vorschlagen – und mein Wunsch hat sich immer noch nicht erfüllt. Ich verlange eine Erklärung!«

Ich muss gestehen, der Untertitel dieses Buches ist aus Platzgründen etwas zu kurz geraten. Statt »Wie Ihre Wünsche Wirklichkeit werden« müsste er korrekterweise lauten: »Wie ein großer Teil Ihrer Wünsche Wirklichkeit wird und wie Sie für die übrigen die größtmögliche Chance erhalten, dass sie sich erfüllen.« Ich hoffe, Sie verzeihen mir. Wenn Sie mit dem Lesen bis hierher gekommen sind, dann können Sie ohnehin längst selbst einschätzen, bei welchen Wünschen Sie die Erfüllung erwarten dürfen und bei welchen Sie zwar Ihr Bestes geben, dann aber darauf vertrauen müssen, dass sich auch die passenden Umstände ergeben.

Ich kann jedoch gut verstehen, dass Sie bei Letzteren frustriert und enttäuscht fragen: »Warum erfüllen sie sich nicht, obwohl ich mich doch so sehr dafür engagiere?« Das ist ohne Frage eine herbe Enttäuschung. Leider besitze ich ebenso wenig wie Sie einen Zauberstab, aber immerhin kann ich Ihnen mögliche Erklärungen geben. Für mich ist es immer jedenfalls tröstlich, wenn ich verstehe, warum etwas nicht so ist, wie ich es mir wünsche – vielleicht hilft das auch Ihnen. Ich habe deshalb die vier wichtigsten Gründe zusammengestellt. Bitte prüfen Sie einmal in aller Ruhe, ob für Sie nicht vielleicht einer davon zutrifft.

Die Zeit ist noch nicht reif

Sie haben sich intensiv eingesetzt, eigentlich müssten Sie einen Riesenerfolg haben, komplette Wunscherfüllung inklusive. Stattdessen passiert nichts. Oder noch schlimmer, man lehnt Ihr Engagement sogar ab. Sie verstehen die Welt nicht mehr. Was haben Sie denn falsch gemacht? Nichts, es ist nur einfach umgekehrt: Die Welt versteht *Sie* nicht.

Willkommen im Klub mit so illustren Mitgliedern wie Galileo Galilei, Ignaz Semmelweis oder Vincent van Gogh. Inzwischen ist zwar akzeptiert, dass sich die Erde um die Sonne dreht, dass man Kindbettfieber durch Hygiene vermeiden kann, und van Goghs Gemälde sind Millionen wert, zu ihren Lebzeiten bekamen diese Persönlichkeiten jedoch nicht die Anerkennung, die sie für ihre herausragenden Leistungen verdient hätten.

Wir können aber auch ein Beispiel aus der Gegenwart anführen: Wenn Sie sich für Kino und Literatur interessieren, sagt Ihnen vielleicht der Name Robert Yates etwas. Sein Roman *Zeiten des Aufruhrs* wurde mit Kate Winslet und Leonardo DiCaprio in den Hauptrollen verfilmt und brachte bei den *Golden Globes* Auszeichnungen ein. In Deutschland wird derzeit ein Buch nach dem anderen von ihm veröffentlicht. Die Kritik preist die bewundernswerte Klarheit seiner Sprache. Er gilt als einer der großen US-amerikanischen Autoren und steht mittlerweile in einer Reihe mit Henry Miller und John Updike. Robert Yates ist heute berühmt – nur hat er leider nichts mehr davon. Er starb 1992, verbittert und von Depressionen und Alkohol als Folge der Enttäuschung zugrunde gerichtet. Zu seinen Lebzeiten galten seine Romane als Flop.

Gut, Sie sind vielleicht kein Malgenie, kein Literaturwunder und auch kein Star der Wissenschaft. Trotzdem können Sie Ihrer Zeit voraus sein, etwa wenn Sie als Sekretärin eine neue effektive Organisationsform vorschlagen und dafür statt eines Karriereschubes oder mehr Geld nur Ablehnung ernten oder gar gemobbt werden. Oder Sie wenden als Ärztin eine wirkungsvolle unbekannte Therapie an, und an Stelle zufriedener Patienten steht plötzlich das Gesundheitsamt vor der Tür. Oder Sie setzen als Fotografin eine völlig neue Sichtweise ein, und die von Ihnen angesprochenen Redaktionen finden Ihre Bilder einfach scheußlich.

Hier hilft Ihnen nur Ihr Glaube an sich selbst, damit Sie nicht verzweifeln. Wenn Sie Glück haben, erleben Sie Ihre Wunscherfüllung zumindest zu einem späteren Zeitpunkt. So mancher ist schließlich doch noch entdeckt und seine Leistung gewürdigt worden. Sollte es anders kommen, seien Sie nicht traurig. Sie können stolz darauf sein, dass Sie eine Pionierin auf Ihrem Gebiet gewesen sind und dass Sie sich selbst treu geblieben sind.

Sie sind noch nicht reif

Wir wollen oft nicht einsehen, dass es manchmal besser ist, wenn sich unser Wunsch jetzt noch nicht erfüllt. Wie verwöhnte Kinder finden wir, es stünde uns zu, und zwar sofort! Oder wir sind davon überzeugt, für die Erfüllung unseres Wunsches sei genau jetzt der richtige Zeitpunkt. Doch wahrscheinlich haben wir, wenn es dann nicht zur sofortigen Erfüllung kommt, einen Schutzengel, der es besser weiß und die Erfüllung unseres Wunsches in unserem eigenen Interesse vertagt. Statt enttäuscht zu reagieren, sollten wir dankbar sein, dass wir daran gehindert werden, uns zu übernehmen oder gar zu scheitern. Im Nachhinein müssen wir zugeben, dass die Verzögerung gut für uns war. Diese Erfahrung habe ich selbst gemacht:

Nach meinem Psychologiestudium nahm ich die Chance zum Quereinstieg wahr und richtete als Redakteurin das Psychologieressort der *Brigitte* mit ein. Am Ende eines interessanten und effektiven Jahres entschied ich mich aber doch, lieber den therapeutischen Weg zu gehen. Etwa zwei Jahre später suchte die Redaktion der *Brigitte* eine beratende Psychologin zur freien Mitarbeit. Sie sollte unter anderem die Anfragen von Leserinnen mit Problemen im psychologischen Bereich beantworten. Wer, bitte schön, war dazu wohl geeigneter als ich? Ich war mit der Redaktion vertraut, praktizierende Psychotherapeutin und hatte journalistische Kenntnisse. Ich war mächtig enttäuscht, als ich erfuhr, dass man eine Kollegin mir vorgezogen hatte. Obwohl die mir nicht mal das Wasser reichen konnte, wie ich in jugendlicher Überheblichkeit fand. Einige Jahre später trennte sich die Redaktion von der Psychologin. Nun fragte die Chefredaktion bei mir an. Ich sagte zu und stellte dann sehr schnell fest: Ich hatte die Jahre, die zwischen meinem Wunsch und seiner Erfüllung lagen, unbedingt gebraucht, um meine Kompetenz zu erweitern. Als psychotherapeutische Anfängerin hätte mir nicht nur einiges Know-how, sondern vor allem auch Lebenserfahrung und Reife gefehlt, um die schwierigen, teilweise dramatischen Anfragen der Leserinnen angemessen beantworten zu können und den vielfältigen redaktionellen Aufgaben gewachsen zu sein.

Falls die Erfüllung Ihres Wunsches auf sich warten lässt, überlegen Sie ruhig einmal, ob das nicht auch Vorteile für Sie hat. Schließlich werden Sie in der Zwischenzeit klüger und erfahrener. Dadurch steigt Ihre Chance, Ihre Wunschsituation auch wirklich auszufüllen. Ich habe jedenfalls schon häufig Sätze gehört wie: »Erst jetzt kann ich so einen liebevollen Mann schätzen.« »Eigentlich bin ich heute erst reif für ein Kind.« »Vor einiger Zeit hätte ich mir diesen Job noch nicht zugetraut.« Statt frustriert zu sein, sollten Sie Ihrem Schutzengel für seine Verzögerungstaktik danken.

Sie sind auf dem falschen Weg

Zu Anfang habe ich schon darauf hingewiesen: Passen Sie auf, dass Ihre Wunschleiter auch am richtigen Haus lehnt, bevor Sie hinaufsteigen. Nun kann es durchaus sein, dass sich Ihr Wunsch nicht erfüllt, weil Sie mit aller Macht versuchen, die falsche Mauer zu erklimmen. Manchmal haben wir so feste Vorstellungen davon, was wir erreichen wollen, dass wir ganz aus den Augen verlieren, ob uns das auch guttut und ob das Ziel überhaupt zu uns passt. Dabei kann man sich regelrecht verrennen. Ich erinnere mich noch an eine Klientin, die mit folgendem Wunsch zur Beratung kam: Sie wollte lernen, gelassen mit den ständigen demütigenden Seitensprüngen ihres Mannes umzugehen. Eine andere äußerte den Wunsch, noch effektiver arbeiten zu können. Sie verbrachte bereits täglich zwölf Stunden im Büro und ihr privates Leben fand kaum statt. Sie können sich denken, dass ich meine Aufgabe nicht darin sah, diese Wünsche zu unterstützen.

Doch nicht immer ist so eindeutig zu erkennen, dass wir mit unseren Wünschen auf einem falschen Weg sind. Um das herauszufinden, sollten wir das Pferd einmal von hinten aufzäumen. Wenn immer wieder Türen zugehen, wenn wir ganz unerklärlicherweise Ablehnung erfahren, wenn es trotz aller Anstrengung einfach nicht klappt, dann sollten wir uns fragen, was das zu bedeuten hat. Könnte es ein Zeichen dafür sein, dass ich diesen Wunsch lieber loslassen sollte? Mit dem Kopf durch die Wand zu wollen hat nichts mit positiver Beharrlichkeit zu tun.

Oft können wir froh sein, wenn die Dinge nicht so kommen, wie wir es uns wünschen. So erging es einem Manager aus Boston, über dessen Geschichte die Zeitungen berichteten. Der Mann fuhr im Taxi zum Flughafen. Er war spät dran und hatte es eilig. Dummerweise nahm der Taxifahrer eine falsche Ausfahrt. Dadurch erreichte der Manager das Terminal erst, als seine Maschine bereits abhob. Vor Ärger hätte er fast in sein Handy gebissen. Wenig später war er dem Taxifahrer dankbar für seine mangelnde Aufmerksamkeit: Das Flugzeug hatte einen Schaden am Triebwerk und fing Feuer. Keiner der Passagiere überlebte.

Sie bemühen sich vergeblich, diesen Traumjob zu bekommen, diesen Mann zu erobern, das Stipendium zu erhalten, eine Einreiseerlaubnis für Neuseeland zu bekommen oder an der Schauspielschule aufgenommen zu werden? Dann kann es sein, dass Sie dank dieser Blockade erkennen, was passender für Sie ist. Es lohnt sich zumindest, einmal darüber nachzudenken. Schließlich könnte es auch die Vorbereitung für ganz andere Möglichkeiten sein.

Es kommt noch etwas Besseres

Fragen Sie Frauen und Männer mit großer Lebenserfahrung – sie werden Ihnen gewiss von Ereignissen berichten können, über die sie zunächst unglücklich waren, die sich aber später als glückliche Fügung herausstellten.

Birgit, 51, wäre vor einigen Jahren vor Liebeskummer fast vom Hochhaus ge-sprungen. Sie war über beide Ohren in Claus verliebt. Claus war ein attrakti-ver Mann, schlank, dunkle Locken, braune Augen. Er war ihre große Liebe, nichts wünschte sie sich mehr, als ihn zu heiraten. Als er eine neue Freundin hatte, verließ sie todunglücklich die Kleinstadt und suchte sich weit entfernt einen Arbeitsplatz. Später lernte sie an ihrem neuen Wohnort Ralf kennen und lieben. Sie heirateten und bekamen eine Tochter. Zum 50. Geburtstag einer Jugendfreundin kommt Birgit nach Jahren noch einmal in ihre alte Heimat. Auf dem Fest streckt ihr ein Mann die Hand entgegen und fragt: »Na, Birgit, kennst du mich noch?« Ratlos sieht ihm Birgit ins Gesicht. Sie zermartert sich ihr Gehirn, woher sie diesen übergewichtigen Mann mit schlechtsitzendem Toupet wohl kennt. Er hilft ihr auf die Sprünge: »Ich bin es, Claus.« Birgit kann ihrem Schicksal nicht genug danken, dass es damals ihren Herzenswunsch boykottiert und ihr stattdessen Ralf geschickt hat.

Wenn ein Vertrag nicht zustande kommt, dann vielleicht deshalb, weil er Ihnen zukünftige interessantere Aufgaben verbauen würde. Wenn es mit einem Job nicht klappt, bietet man Ihnen möglicherweise schon bald einen viel besseren an. Wenn Sie den Studienplatz nicht kriegen, eröffnet Ihnen unter Umständen der Auslandsaufenthalt, den Sie als Ersatz wählen, größere Chancen. Wenn man Ihre Traumwohnung anderweitig vermietet, dann bleibt Ihnen die Schwammsanierung erspart, die sich drei Monate später unerwartet ergibt, während Sie schon längst glücklich in anderen Räumen sitzen.

Ich sammle mit Leidenschaft gute Sprüche. Einer meiner Lieblings-sätze lautet: »Wenn nicht das, dann etwas Besseres.« Dieser Spruch hat mir schon oft geholfen, optimistisch zu bleiben, wo andere an meiner Stelle enttäuscht gewesen wären, weil sich ihr Wunsch nicht erfüllt hat. Und soll ich Ihnen etwas sagen? Es hat immer gestimmt. Natürlich wünsche ich Ihnen, dass sich ganz viele Ihrer Wünsche er-füllen – diejenigen, die zur Lebensfreude gehören, damit Sie oft strah-len und gute Laune haben, vor allem aber Ihre Herzenswünsche, damit Sie tiefes Glück erleben. Es gibt keinen Grund, warum sie sich nicht erfüllen sollten, jetzt, da Sie wissen, was Sie dafür tun können. Und wenn sich trotzdem ein Wunsch partout nicht verwirklicht, dann lassen Sie ihn lächelnd los wie einen bunten Luftballon. Schließlich gibt es noch so viele andere wunderbare Wünsche, um deren Erfüllung Sie sich erfolgreich kümmern können.

Literatur

Byrne, Rhonda: *The Secret. Das Geheimnis.* München 2007

Crockett, Tom: *Kreativität neu entdecken.* Freiburg im Breisgau 2001

De Becker, Gavin: *Mut zur Angst.* Frankfurt am Main 1999

Dooley, Mike: *Grüße vom Universum. Wie Wünsche Wirklichkeit werden.* München 2008

Emery, Gary; Campbell, James: *Rapid Relief from Emotional Distress.* New York 1986

Emmons, Robert: *Vom Glück, dankbar zu sein.* Frankfurt am Main 2008

Fahrenbach, Christian: »Die Masche mit der Oma«, in: *brand eins* Nr. 12, Dezember 2008

Förster, Anja; Kreuz, Peter: *Spuren statt Staub. Wie Wirtschaft Sinn macht.* Berlin 2008

Freedom Long, Max: *Geheimes Wissen hinter Wundern.* Freiburg im Breisgau 1979

Furman, Ben: *Es ist nie zu spät, eine glückliche Kindheit zu haben.* Dortmund 2008

Gratzon, Fred: *The Lazy Way to Success. Ohne Anstrengung alles erreichen.* Bielefeld 2004

Haubl, Rolf: *Neidisch sind immer nur die anderen. Über die Unfähigkeit, zufrieden zu sein.* München 2001

Hopcke, Robert H.: *Zufälle gibt es nicht. Die verborgene Ordnung unseres Lebens.* München 1999

Klein, Stefan: *Alles Zufall.* Reinbek 2004

Kobjoll, Klaus: *Motivaction. Begeisterung ist übertragbar.* Zürich 1993

Köhler, Karolin: »Wo bleibt bloß das ganze Geld?«, in: *Cosmopolitan*, Februar 2009

Krech, Gregg: *Die Kraft der Dankbarkeit.* Berlin 2003

Kuntz, Mark: »Papa, schläfst du noch?«, in: *Welt am Sonntag* Nr. 3, 18.1. 2009

Murphy, Joseph: *Das Erfolgsbuch. Wie Sie alles im Leben erreichen können.* München 2002

Pearson, Leonard; Pearson, Lillian R.: *Psycho-Diät.* München 1994

Petek, Rainer: *Mit dem Nordwand-Prinzip das Ungewisse managen. Wie Sie Ihren Weg in die Zukunft finden, wenn Pläne und Rezepte versagen.* Wien 2006

Robbins, Anthony: *Das Robbins Power Prinzip.* München 1994

Scovel Shinn, Florence: *Das Lebensspiel und seine mentalen Regeln.* München 1990

Slade, Neil: *Der Glücksschalter. So nutzen Sie Ihr Gehirn zu 100 Prozent.* Reinbek 2006

Tracy, Brian: *Ziele setzen, verfolgen, erreichen.* Frankfurt am Main 2004

True, Holger: »Ja, ich kann mit Musik Erfolg haben«. In: *Hamburger Abendblatt* 22./23.11. 2008

Register

Harry Nutt
Mein schwacher Wille geschehe
Warum das Laster eine Tugend ist –
ein Ausredenbuch

2009, ca. 224 Seiten, gebunden
ISBN 978-3-593-38781-9

Von der Lust am Nichtstun

Wollten Sie auch schon öfter mit dem Rauchen aufhören, die Steuer-
erklärung endlich abgeben, das Chaos im Arbeitszimmer beseitigen
oder jetzt wirklich gesünder essen? Und haben Sie es dann doch
nicht getan? Dann sind Sie nicht allein. Die Willensschwäche
und das Laster sind kleine Fluchten in einer Welt, die uns immer
mehr Leistung und Perfektion abverlangt. Harry Nutt wirft einen
liebevollen Blick auf unsere kleinen und großen Schwächen und
erschließt eine Vielzahl philosophischer und historischer Bezüge.
Intelligent und witzig plädiert er für einen entspannteren Umgang
mit den vermeintlichen Untugenden und zeigt, dass dies uns allen
nützen kann.

Mehr Informationen unter
www.campus.de

Frankfurt · New York

Qualität können Sie hören!